12 jul

Con el pedo de
siempre
y con el afecto de
siempre.
          F.M.

EL ESTRANGULADOR

MITOS BOLSILLO

Manuel Vázquez Montalbán
EL ESTRANGULADOR

grijalbo mondadori

Quedan rigurosamente prohibidas, sin la autorización escrita de los titulares del *copyright*, bajo las sanciones establecidas por las leyes, la reproducción total o parcial de esta obra por cualquier medio o procedimiento, comprendidos la reprografía y el tratamiento informático, así como la distribución de ejemplares de la misma mediante alquiler o préstamo públicos.

© 1994 Manuel Vázquez Montalbán
© 1994 de la presente edición para España y América:
 MONDADORI (Grijalbo Mondadori, S.A.)
 Aragó, 385. 08013 Barcelona
Diseño de la cubierta: Luz de la Mora
Ilustración de la cubierta: *Danae* (1907-1908) de Gustav Klimt
Primera edición en Mitos Bolsillo
ISBN: 84-397-0243-4
Depósito legal: B. 26.658-1998
Impreso en España
1998. – Cayfosa, Industria Gráfica, Ctra. de Caldes, km 3.
 08130 Santa Perpètua de Mogoda

A mis víctimas

I

Retrato del estrangulador adolescente

—Sí, pero todos allí, a su manera, son partidarios de las nuevas verdades. Si a Vd. éstas no le interesan no debe venir con nosotros.
—Insisto en que no tengo la menor idea de cuáles pueden ser. En el mundo hasta hoy, sólo he tropezado con viejas verdades..., tan viejas como el sol y la luna. ¿Cómo puedo conocerlas? Será para mí una oportunidad de conocer Boston.
—¡No se trata de Boston, sino de la humanidad!

> Henry JAMES: *Los bostonianos*

1

Siempre hay ¿o hubo? una primera vez, pero el cerebro se me vuelve papilla cuando trato de recordarla y llego a la conclusión de que «la primera vez» es una metáfora y en cambio todas las demás, no. Puede considerarse «primera vez», el primer acto, aunque sea el resultado de una serie de «otras veces» imaginarias y traigo a colación a mi tierna vecina Alma, la muchacha dorada por excelencia, a la que degollé con un cuchillo japonés mucho antes de que tuviéramos la imaginería japonesa modernizada. Degollar a alguien con un cuchillo japonés en los años cincuenta podía ser fruto de la influencia metafísica de *Rashomon*, la película de Akira Kurosawa, o de la promiscuidad degolladora atribuida a los japoneses, kamikazes o no, en las películas norteamericanas sobre la epopeya yanqui en el Pacífico durante la Segunda Guerra Mundial. Es decir, el instrumento hubiera estado más cerca del puñal o del machete que de la sofisticada condición de cuchillo de cocina. Pero a comienzos de los años ochenta y con el cuchillo que yo utilicé, mi acto fue premonitorio de una futura sensibilidad ante lo japonés, común en el próximo milenio, en el que los japoneses volverán a ser *l'ennemi à battre*, por fin la llegada del tan esperado «peligro amarillo» que Occidente añora desde los tiempos de las invasiones turcas reales y de las literaturizadas hordas tártaras de Miguel Strogoff. Occidente es un sedimento de bárbaros sucesivos y por eso siempre ha deseado, a la par que temido y rechazado, la invasión de nuevas oleadas regeneradoras y parte de su decadencia real se debe a la presunción de que ya no quedan bárbaros y en cualquier caso la barbarie ajena es menos temible que la propia.

Se trataba de uno de esos cuchillos que hoy todo el mundo utiliza en la cocina *amateur* más culta, largo, de hoja ancha y puntiaguda, capaz de delinear más que de cortar filetes de los pescados más duros y dotar a esos filetes de una transparencia de ala de mariposa. En mi expediente penitenciario 1988/712, el ajusticiamiento de Alma figura bajo el despectivo título: *Sobre el crimen improbable y gratuito*. Improbables, según los psiquiatras, psicoanalistas y demás ralea, lo son todos mis ajusticiamientos, también llamados crímenes por los criminólogos, es decir, los sabios y a la vez profesionales de la criminalidad. Gratuito es un adjetivo que ningún crimen mío se merece, porque suelo prepararlos durante décadas, como el de Alma, desde mi obsesión de *voyeur* de aquella mujer dotada del don de la inocencia, casi tanto como del de la generosidad. Yo asistí arrobado al desarrollo de su anatomía asimétrica que ella me fue mostrando desde niña hasta que le asaltaron los pudores de la adolescencia y me la ocultó entonces hasta el momento de su muerte, cuarenta o cincuenta años después, tras haber sido protagonista de una ejemplar historia de muchacha dorada y mítica.

En mi archivo secreto, el caso de Alma figura bajo el rótulo certero de *Asesinato de Danae*, aunque cuando yo conocí a Alma, nada sabía del personaje del cuadro de Klimt, de las similitudes de las dos diosas ensimismadas y Alma careciera de la malicia masturbatoria y por lo tanto castradora de las mujeres lascivas de Klimt. Ni conocía las relaciones entre la futura Alma Mahler y Klimt, para el que posaría en Judith, Palas Atenea y quizás *El beso*, antes de hacerlo para *La novia del viento* de Kokoschka. Mi Alma diosa era fruto de un culto secreto y menor. El que dedicaba a uno de sus pechos, un prodigio armónico desde la desarmonía que seccioné y conservo en una botella de formol enterrada en el parque del Luxemburgo de París, muy cerca de la estatua dedicada a Pierre Mendès-France, ocultando en una coraza de gabardina su probable pulsión de exhibicionista de parque importante. Por cierto que, no muy lejos de la entrada por la que se accede al infame monumento al exhibicionismo disfrazado de Mendès-France, está la réplica de la estatua que Rodin dedicara a la fealdad profunda de Balzac, aquel maligno chismoso reaccionario tan elogiado por Marx, Engels y Lenin, no por una real afinidad del gusto literario, sino porque el reaccionarismo *ancien régime* de Honoré les venía bien para su crítica de la burguesía, según pude demostrar en mi tesis de licenciatura sobre *El realismo como Fatalidad* presentada en la universidad de Praga días antes de las famosas defenestraciones de 1948 que dieron paso a la dictadura del Partido Comunista.

Mis digresiones cultas siempre han puesto nerviosos a mis interlocutores y ahora suelo extremarlas ante los psiquiatras penitenciarios, empeñados en demostrarme que es imposible un nivel cultural tan cualificado en un supuesto fontanero por más especializado que esté en la *instalación*, ojo con la palabra, y arreglo de cisternas de retretes. Resulta curioso que cada vez que ponen en duda mi nivel cultural, y lo ponen porque lo exhibo, es decir, lo demuestro, suelen traerme el Diccionario Enciclopédico de Boston en diez tomos y un apéndice e invariablemente me preguntan si lo reconozco ¿Cómo no reconocerlo si asesiné al editor? Fue en una circunstancia todavía no aclarada por los investigadores públicos, ni privados, segundos antes de que anunciara el ganador del premio Boston, ganador que nunca se supo, sin que jamás se hayan encontrado ni el original del posible vencedor ni el de concursante alguno, aunque puedo avanzar que si maté al editor fue porque el ganador del premio iba a ser yo. Finalmente han dejado en mi celda nueve de esos diez tomos, falta el que va de Tam a Zyw y el suplemento progresivamente actualizador, pero ante la desesperación de mis verdugos, jamás, jamás les he ni siquiera insinuado que deseaba tenerlos. En los primeros tiempos, sin darme cuenta, les seguía el juego y les preguntaba qué relación de causa y efecto había entre mis exhibiciones culturales y aquel costoso acarrear del Diccionario que me traían entre diez psiquiatras y una enfermera, porque el tono muscular de esta gente es muy deficiente y son incapaces de cargar con los diccionarios aligerados que hoy suelen comercializarse. ¿Cómo habrían salido del lance estos brujos minusválidos de haber tenido que acarrear aquellos diccionarios enciclopédicos de antaño, que más parecían un templo griego, tomo por tomo, diríase que hechos de mármol y con la letra esculpida por el cincel preciso de los mejores calígrafos del espíritu? Cuanto más cansados les veía, más pesado me ponía yo reclamando la relación causa-efecto de aquel estúpido esfuerzo y me respondían que la relación de causa y efecto era algo que *yo* debería aclarar y no *ellos*, como si fuera yo el espía de sus conductas y su lógica y no al revés. De hecho utilizaban la retórica de medicuchos para disimular lo que querían decir, lo que un policía sin doblez hubiera expresado así: ¡Aquí las preguntas las hago yo! Así que cada vez que se presentan con el diccionario les canto la canción de los bateleros del Volga o *Sixteen Tons*, ambas en clara referencia a lo cansado que es el trabajo de batelero o de minero. Mis recelos crecientes sobre las reales intenciones de esta gentuza me han llevado a negarme a contestarles las preguntas que me hacen, siempre, siempre sobre cuestiones que empiezan por la letra «t». Por ejemplo: Termier (Pierre), Tinzenita, tomistoma, Torricelli, Trediajovski (Vasili Kirillovich), Turró y Darder (Ramón), tutiplén... Ante mis desprecios, me han propuesto hacerme preguntas sobre términos empezados por «u» y así hasta la «zeta»... pero si me niego a contestar nada sobre las que empiezan por «t», ¿qué razones morales tengo para contestar a las que empiezan por «u, v, w, x, y, z»?

2

Me llamo Albert DeSalvo y soy el estrangulador de Boston, de la raza de los mejores estranguladores de Boston. Mi existencia se ha hecho universalmente famosa a causa de una desdichada película titulada precisamente *El estrangulador de Boston* y dirigida por un tal Richard Fleischer, uno de esos directores que los críticos pedantes califican de artesanos pero en los límites de ser auténticos creadores. En los tiempos actuales ¿cómo se puede establecer una distancia, puesto que se fija una frontera, entre la «artesanía» y la «creatividad» y sobre todo en el cine, donde los buenos realizadores apenas si llegan a la condición de diestros directores de orquesta? No niego que la película se ve con interés, estés o no implicado en ella y yo la he visto docenas de veces, sobre todo antes de que me ingresaran en este hospital penitenciario donde cumplo condena al parecer por esquizofrenia, porque en otra culpabilidad no creen los psiquiatras y en cuanto a los policías y jueces, malfían de su diagnóstico, pero les tienen mucho miedo a los psiquiatras, como todo psicópata potencial teme a sus futuros curanderos convencionales. Desde que estoy aquí, los curanderos del espíritu, psiquiatras, psicoanalistas, psicólogos, asistentes de diversa condición se han confabulado para que no pueda ver siempre que quiera la película de Fleischer, aduciendo el pretexto de que me perjudica porque «me induce a la verificación de una falsa personalidad». El director de la película es hijo del dibujante creador de Popeye pero no le llegaron a tiempo las espinacas redentoras que salvaban a Popeye de las catástrofes y le preparaban para las hazañas, porque la película es sólo una sombra en technicolor de las implicaciones de mi vida y sólo me historifica a partir del momento en que me detienen, o mejor dicho, *creen detenerme*. He pasado los suficientes años en este establecimiento como para que ahora sea yo quien cuente la película y lance una botella del náufrago con mi mensaje, más allá de estos muros de ladrillo tostado, desde la contradicción vivida por una retención no justificada por la creencia en mi culpabilidad. Es más. Yo insisto en demostrarles que soy el estrangulador de Boston, el auténtico, el más, el mejor estrangulador de Boston y ellos se encierran en los círculos concéntricos de la cultura psiquiátrica *suponiéndome* un caso clínico, pero jamás un asesino. Y si soy un caso clínico, de cajón que sólo puedo ser un esquizofrénico, entre otras cosas porque estos brujos se mueven entre las miserias de una filología psiquiátrica insuficiente para abarcar todas las tipologías del alma humana, una evidencia más de que el lenguaje es una mera sombra casi expulsada de la realidad. Primero trataron de considerarme sólo como un paranoico, desde un intento de minimizarme incluso en la enfermedad, porque ser paranoico está al alcance de cualquiera y aunque según no todos los psiquiatras, la paranoia sea una forma de la esquizofrenia, es tan extendida y vulgarizada que yo por paranoico no paso y así se lo hice saber a estos brujos.

—La paranoia es sólo una psicosis crónica caracterizada por un delirio más o menos, mejor o peor sistematizado e implica desorientación, que no debilitamiento intelectual, aspecto que no creo Vds. puedan apreciar en mí. Una interpretación etimológica de la palabra tampoco me satisface: locura o desorden del espíritu. ¿Se han mirado Vds. el espíritu en el espejo de espíritus?

O esquizofrénico o nada, y tanta fue mi resistencia que me dejaron por esquizofrénico y, sin darles la razón, tampoco se la quité, porque estas gentes o tienen las personas y las cosas adjetivadas o no saben qué hacer con ellas. Pero debo ser algo más que un esquizofrénico, puesto que cumplo condena de cadena perpetua y en las democracias todavía está mal visto condenar a alguien a cadena perpetua sólo por esquizofrénico.

Vamos a suponer que yo soy un esquizofrénico. ¿Qué es eso? Las palabras se apoderan de las cosas y los hechos, pero no siempre recordamos de qué se han apoderado y a veces ha sido de nosotros mismos. Así como otros encarcelados han hecho razón de su vida enclaustrada el conocer las leyes que supuestamente han infringido, han estudiado Derecho y finalmente han conseguido ser tan sabios como sus acusadores y sus defensores, yo he estudiado psicología, psicoanálisis y psiquiatría hasta conseguir una seguridad filológica equivalente a la de los brujos de estas disciplinas y más vivificada aún, por lo que a veces les desconcierto, les obligo a tomar apuntes en mi presencia y a volver corriendo a sus casas para releer lo que tal vez alguna vez leyeron. En mi dietario he dado cumplida cuenta de mis experiencias y de mis progresos y en ellos me baso para elaborar esta ambiciosa denuncia contra la manipulación de mis cerebros, no, no es un error, de *mis* cerebros. He llegado a ser tan experto en locuras como el pobre Caryl Chessman en apelaciones leguleyas para salvarse de la silla eléctrica, y al apoderarme del saber y la jerga de los brujos me he granjeado su animosidad para toda la vida. Más se irritan ellos ante el saber que les he quitado, más afán exhibicionista demuestro de ese saber.

Los primeros denominadores de la esquizofrenia la llamaban *demencia precoz* (Kraepelin) y luego Bleuer en 1911, nada menos que en 1911, se atrevió a describir la esquizofrenia no como una enfermedad, sino como un grupo de enfermedades mentales, diferenciadas entre sí, pero con un común denominador: trastornos en la asociación de ideas y en la afectividad. Otros brujos se despacharon a gusto a continuación porque la verborrea es impune y a ningún psiquiatra lo han procesado o clínicamente internado por desfachatez terminológica. Pero ahí queda este rosario de connotaciones de la esquizofrenia: hipotonía de la conciencia (Berze); ataxia intrapsíquica (Stransky); un proceso irreversible que modifica la personalidad *de base* (Jaspers); una adaptación patológica de la personalidad al medio (Meyr). Y si he de demostrar a alguien que estoy al día, dejo el testimonio de mi recorrido sistemático por las tesis norteamericanas de la psiquiatría, desde el viejo Stack Sullivan hasta las teorías del doble vínculo de Bateson, la teoría sistemática y de la terapia familiar de la escuela de Palo Alto y el turbio asunto del «yo dividido» de Laing, personaje al que me referiré frecuentemente. Aunque desde la ironía me he interesado por la teoría lacaniana de la psicosis, el intelectualismo con el que los europeos abordan los trastornos de la conducta (¿quién no se ha muerto de risa ante el discurso antiedípico de Deleuze y Guattari o las reflexiones sobre la locura de Foucault, a partir de su crítica de la conciencia?), creo que los europeos contemporáneos están más cerca de la Literatura que de cualquier otro conocimiento. Los psicoanalistas hablan de trastornos de la libido —introyección-regresión narcisista— y proyección que se ultima en la sustitución de la libido por pulsión destructora o de muerte. El inventario de los síntomas no tiene desperdicio, porque es un puro desperdicio de la capacidad de observar a todos los esquizofrénicos posibles: trastornos del pensamiento, disgregación, pérdida de la conexión lógica, ideas delirantes, vivencias de interpretación morbosa —eufemismo estúpido que sirve para enmascarar los delirios de grandeza o la manía persecutoria—, verborrea, alucinaciones, ilusiones ópticas y sonoras, amaneramiento en los movimientos, pérdida de la flexibilidad corporal, cambios súbitos de tono, éxtasis, apatía, desatinos, autismo... autismo... Esta hermosa palabra la han reducido y esclavizado a la descripción de la conducta de los seres patológicamente no comunicados convencionalmente y no la han tenido en cuenta para comprendernos a los que alcanzamos el nivel superior de un código personal y no intercambiable, porque sólo tiene valor de uso estrictamente personal y ningún, ningún valor de cambio. Pero terminemos cuanto antes la excursión al territorio cognoscitivo de los brujos, ultimemos todo lo que saben sobre esquizofrenia, pasando por alto que Freud, al que le tengo muy vigilado, muy bajo control intelectual, no lo tenía claro y sospechaba que asumir la posibilidad de una doble personalidad relativizaba sus jueguecitos de submarinismo en el subconsciente o, si lo prefieren, de bajarse al pilón del subconsciente y ahí dejo a la consideración de los interesados, su interpretación del caso Schreber. Al parecer las esquizofrenias, como las pirámides de Egipto o los géneros, son tres: *paranoide*, trastornos de percepción y pensamiento que llevan a la demencia; *hebefrenia*, trastornos de la afectividad y la voluntad que igualmente conducen a la demencia; y la *catatonia*, la más agradecida porque da el espectáculo y el esquizofrénico catatónico se mueve muy a lo raro y asusta o hace reír, de lo que resulta que es un loco muy de agradecer y rentable. Si los brujos más o menos clásicos teorizan desde la miseria de una percepción mutilada por la propia teoría y su jerga, tan temibles como ellos son los sociologistas que priman el hecho de que el esquizofrénico no nace, sino que se hace, para no hablar de Laing y compañía, que consideran que la esquizofrenia no es una enfermedad, sino un «mito» que sublimaría los problemas de vivencia y conducta causados por las dificultades de comunicación con los demás y muy especialmente con los «otros» más inmediatos, lo que llamamos «parientes y allegados».

Laing vino a verme a comienzos de la década de los setenta, supongo que para hacerse la fotografía de antipsiquiatra apostólico —aunque siempre rechazara considerarse «antipsiquiatra» y reprochara a Cooper el epíteto— al lado de víctima de la psiquiatría por redimir. Conmigo se comportó más como un monje mercedario que como un médico, y no sólo no dejé que se hiciera la fotografía, sino que le dediqué un show catatónico que le puso muy incómodo..., porque mucha antipsiquiatría, pero en cuanto te haces el loco llaman a los loqueros. Había empezado diciéndome: «A Vd. le han encerrado en una metáfora médica: la locura. La locura es una metáfora y a través de esa metáfora la persona es considerada *un paciente*, un receptor pasivo del médico brujo que acaba especializando al paciente en su condición y despersonalizándole, aunque el psiquiatra paga a su vez el precio de despersonalizarse. Finalmente psiquiatra y paciente son dos falsos locos descontextualizados». Yo le dejaba hablar. Luego, cuando me puse catatónico perdido, Laing tocó el timbre para que vinieran los loqueros y se le acabaron las metáforas.

No puedo decir que Laing me desencantara, porque nunca me había encantado, pero le concedí el beneficio de la duda, incluso el de la sorpresa hasta que le conocí personalmente y, aun después, hasta que leí sus horribles *Sonetos y aforismos*, ya mal encabezados por un prólogo pueril en el que revela los respetos privados que le impidieron ser un auténtico antipsiquiatra. ¿Cómo puede ser un antipsiquiatra una persona adulta que le pregunta a su madre si le había gustado el libro que acababa de publicar, de conversaciones con dos de sus hijos y al contestarle la tiorra victoriana que le había gustado pero «... que no podía aprobar cierto lenguaje utilizado...», en lugar de aplicarle un tratamiento shock antipsiquiátrico, la deja continuar viva y en su sitio?:

—Oh, cuánto lo siento
—Toma un poco más de té Ronald
—Oh, bueno, gracias, sólo una pizca
—A eso me refiero precisamente. ¿Por qué tienes que utilizar semejante lenguaje? Es totalmente innecesario

Y si se me argumenta que no estaba en la mano de Laing cambiar a su madre, bastaría recordar algunos de sus poemas para percibir que su capacidad de percepción emocional y de expresarla nunca estuvo por encima de la de un adolescente sensible no muy dotado para la poesía.

Si ella no te quisiera, no estaría
celosa. Me gustaría que valoraras
un poco más, cuán justificado está su odio
Cerraste la puerta y arrojaste la llave.
No trates de decirme que no veo
que ella no te pertenece. Es tu compañera elegida.
Y tú deberías saber que el matrimonio
no es un contrato, sino un misterio

Ya no soy ahora el hombre que antes fui
Lo siento, ella ya no me gusta
¿Qué derecho tienes a pedirme que finja
que todo deseo hacia ella no está muerto?
Los inesperados movimientos del alma
escapan por completo al propio control

Hace falta carecer del sentido poético más elemental para no llegar ni siquiera a la altura de una mediocre canción melódica. Nada más leer este soneto y otros peores, para mí Laing y la Antipsiquiatría habían revelado todos sus misterios. Como me los había revelado poseer el código que utilizaban conmigo los psiquiatras normales y sobre todo la profunda, esencial insuficiencia que yace en llamar esquizofrénico a alguien capaz de saber que puedo serlo... pero también fingirlo.

3

Los que hayan visto la película habrán caído en la trampa semiótica de asociar al funcionario John Bottomly, el causante de mi perdición, con la percha del actor que encarna el personaje, Henry Fonda. No tenían nada que ver en la realidad, como tampoco tengo nada que ver yo, Albert DeSalvo, con el actor Tony Curtis al que propicié el mejor papel de su vida, oportunidad que no aprovechó del todo, porque Tony Curtis servía más para hacer de acróbata sin seso que de autista preclaro: Albert DeSalvo. Y eso que Tony Curtis venía desde abajo, como yo, pero se limitó a poner la percha para personajes que ni le iban ni le venían y no alcanzó ese nivel superior, enciclopedista, renacentista, que da la apropiación de diversificados saberes y la aplicación de la razón a todo lo que penetra en el territorio de nuestra conducta. Bien está que me vanaglorie de ser un autista fuera de lo común, pero me pareció una grosería que los urdidores de la película no me consultaran sobre la elección de Curtis para encarnar mi personaje, es decir, *mi persona*. Obsérvese, si la película está en circuito todavía, que a Tony Curtis le han introducido un rasgo artificial de brutalidad, modificándole la nariz, porque al parecer una nariz deforme es más esquizofrénica que una nariz normal. Igualmente han dramatizado las secuencias en las que Bottomly me presiona para que yo, ignorante de mi doble conducta, la asuma y me meta por el agujero negro que lleva a la locura sin retorno. Cualquiera que hubiera observado mis encuentros con Bottomly hubiera podido apreciar que al comienzo yo me negaba a aceptar que era el estrangulador de Boston, pero que finalmente les hice el numerito esquizo, me metí por el agujero negro y desde allí, de vez en cuando saco la cabeza y les reclamo: ¡eho..., aquí estoy! Pero no siempre está el alma para juegos y a la vista de los golpes bajos que me están dando, con el exclusivo fin de que me autodesidentifique, no he tenido más remedio que recordar y ni siquiera me dejan recordar en paz, porque a mis espaldas andan diciendo que los míos son «recuerdos alucinatorios», a partir de un proceso de evocación falsificador. Prefieren los recuerdos encubridores. No les gusta que la gente tenga memoria *por su cuenta*, si ellos no la gradúan mediante la escena del sofá, los electroshocks, el pentotal o las máquinas de la verdad. Esta gentuza sólo ama los recuerdos enquistados y a poder ser, malignos, porque así se justifican como carniceros del espíritu y torturadores, ellos creen que sutiles, como lo demuestra el trato que han dado a mi manifiesta admiración por las pinturas de Klimt, cuyas reproducciones, sobre todo *Danae*, llegaron a recubrir las paredes de mi celda —toleradas como descargas transferentes— pero que me han ido retirando y devolviendo según consideraran que dañaran mi espíritu. No eran muy expertos en arte, aunque Klimt sea un filón para cualquier psiquiatra, como pintor por excelencia de la crisis del yo burgués en aquella Viena del Imperio terminal que hizo posible a Freud y a todas las revoluciones éticas, estéticas y filosóficas que compensaban la impotencia de una *inteligencia* local, compuesta por señoritos pijos, incapaces de hacer la revolución social y política que en el fondo no deseaban, porque eran geómetras orgásmicos individualizados, es decir, grandes masturbadores todos ellos, como los mejores estranguladores.

Danae era uno de los dieciséis cuadros de Klimt expuestos en Viena en 1908, componentes de la llamada «iglesia de Klimt» y fue el cuadro más provocador del pintor porque representaba el éxtasis del orgasmo en plena masturbación, señalizado por el polvo de oro que sale del sexo de la muchacha. El ornamentalismo del Déco ha sido siempre masturbatorio, tanto en pintura como en filosofía, sea en los cuadros de Klimt como en el pensamiento de Ortega y Gasset. Mi insistencia por Klimt forzó a que uno de estos psiquiatras, el gurú supremo, William Dieterle —que me utilizó descaradamente para hacer carrera y luego si te he visto no me acuerdo—, auscultara la obra del pintor vienés para estudiarme y llegar a la curiosa conclusión de que toda la pintura de Klimt era un simple enmascaramiento provocador de su alma conservadora y filistea, al igual que mi exhibicionismo asesino no hace otra cosa que ocultar el inalterable anclaje de mi alma profunda en la tierra firme de los valores convencionales. «Vd. tiene alma de padre de familia con ensoñaciones erótico-trágicas, como Klimt.» ¿Un padre de familia yo, que maté a mis tres hijos para liberarme del pringue desidentificador de la paternidad? ¿Un padre de familia, Klimt? Tuvo tres hijos, como yo, pero los tres ilegítimos. Me enseñaban la reproducción de *La Música II* y me decían, ésta, ésta es la obra inicial de la ruptura de Klimt con su yo convencional, su *primera vez*, ¿cómo la interpreta Vd.? Locura y detallismo. ¿Cómo podríamos percibir la locura sin el correlato de un detallismo ordenado por una aparente voluntad decorativista? Dieterle publicó un montón de ponencias sobre mi patología y su terapia y aunque luego me dejó en manos de sus ayudantes y discípulos lameculos, me consta que le inquieté hasta que acabé con su vida, a pesar de su poder intelectual y económico. Se había comprado un Jaguar descapotable. Recuerdo que se consideraba un genio porque al principio me acosaba con la pregunta: ¿qué sintió la primera vez que se autorreconoció como un estrangulador?

4

Como en cierta ocasión les revelé que junto a la fascinación que sobre mí ejerció el pecho derecho de Alma podría situarse la atracción irresistible por las piernas de la vecina del piso de arriba —era lo único dorado que tenía—, mis interrogadores se entregaron a toda clase de elucubraciones, a veces incluso burlescas, y me invitaron a que imaginara qué horrible monstruo imaginario había concebido: un cuerpo femenino con sólo un pecho, el derecho, y dos piernas, todo lo maravillosas que yo quisiera. No podían sospechar que en mis ensoñaciones, a ese *monstruo* compuesto por las piernas de mi vecina del piso de arriba y el seno derecho de Alma, le añadía la vulva de aquella misionera laica a la que acompañé en el transcurso del Congreso Eucarístico de Boston, mujer de muslos e ingles atormentados que se sentaba con las piernas abiertas y era un viaje a los infiernos verle la vulva húmeda amortajada por las bragas al final de los muslos de mármol morado, bajo el dosel de faldas austeras pero anchas, de misionera laica. Algo gorda.

Pero así como de mi desgraciada vecina del piso de arriba casi sólo recuerdo sus piernas vistas desde abajo, de Alma lo recuerdo todo. Era una unidad personal en la que destacaba aquel atributo prodigioso que, a diferencia de las piernas de la vecina de mi escalera, yo contemplaba de arriba abajo, desde la perspectiva que me daba mi poderoso balcón de piedra y herrería historiada, construido en el mismo año en que Marx editara *El Manifiesto Comunista* en una clara premonición simbólica de que allí moraría un estrangulador, el agente subversivo por excelencia del orden burgués, el destructor de las más sagradas convenciones éticas, es decir, de los tabúes. Alma había sido una niña delicada y rubia, una princesa, al decir de las vecinas, con la piel tan transparente que las venas eran recorridos caprichosos íntimos y toda ella emanaba una cierta dejadez linfática especialmente presente en unos brazos que parecían pedir la música de *El Lago de los Cisnes* para bailarla. Pero algo de mujer profunda también se adivinaba en ella desde el momento de nacer, hasta el punto de que su padre tuviera un mal pensamiento, insuficiente desde luego, nada más verla desnudita, con el cordón umbilical pinzado y estupefacto en su mismidad: «Qué curvitas tiene. Fíjense en la curvita de la cintura, entre la espalda y el culo forman una ese». La vieja partera no estaba ya para percepciones eróticas y manejaba el cuerpecito como una croqueta tibia, consciente de la falsa apariencia de consistencia del rebozado y presintiendo con las yemas de los dedos las blanduras internas de la neonata. Años después, a lo largo de todos sus crecimientos, hasta experimentar el definitivo, Alma conservó una apariencia ambigua, basada en un dibujo corporal convencionalmente femenino, pero tan frágil que siempre pareció el de una promesa de mujer desganada, de esos seres humanos sin ambición por llenar todo el volumen que les pertenecería, hasta que reciben una secreta orden biológica interior o un agresivo tratamiento de endocrinólogos sin escrúpulos. Niña única entre cinco hermanos, no le faltaban miradas de espionaje y estímulo que trataban de adivinar el nacimiento de las señales de la feminidad y en su caso apareció ante la sangre menstrual que las más suaves colinas del pecho, por más que su madre la cebara con teta de vaca guisada de mil maneras, imbuida del atávico principio «Se tiene de lo que se come».*

Nunca sabremos si el celo puesto por la madre de Alma para hacerle comer ubre de vaca tuvo que ver con el prodigio. Las recetas pasaban de vecina en vecina, desde el saber convencional fundamental de que la ubre debía pertenecer a una vaca joven sin ser ternera, ablandada en agua caliente antes de hervirse, y una vez tierna los tratamientos podían ir desde el empanado hasta la sofisticada receta de la «Ubre de vaca compuesta en leche», redundante a todos los efectos, y que consistía en hervir la ubre en caldo de vaca, cortarla en pedazos

---

* *Nota del Estrangulador*: «El hombre es lo que come», sancionó Aristóteles y siglos después se vería ratificado por Feuerbach, pensador perteneciente a la llamada izquierda hegeliana, en la transición justa entre el idealismo hegeliano y el materialismo de Marx y Engels, fundamental porque su crítica de las religiones era históricamente esencialista. No es que las religiones fueran un fraude orquestado por los que vivían de ellas, sino que eran creación convencional del hombre en sociedad y para Feuerbach la Sagrada Familia celestial no era otra cosa que la sublimación de la familia en la tierra y no quiero extenderme sobre la relación entre la familia como célula social fundamental y unidad de producción y reproducción y la convención del Orden a lo largo de toda la Historia. Feuerbach le pegó un viaje sonado a Hegel cuando redujo el absoluto hegeliano al «...difunto espíritu de la Teología» y añadió que había que acabar con el Yo del Dios cristiano y con dualismos como religión sobrenatural-mundo sensible o Iglesia-Estado. No lo consiguió.

regulares de geometrías libres, rehogarlos con manteca de vaca y situar los pedazos en un molde con azúcar, canela, leche hervida y engrudo de harina de trigo tostada en la sartén. Llegó a ser un plato dominical en el barrio y siempre que lo comí pensaba en que estaba contribuyendo a un misterio biológico similar al de la transformación de la oruga en mariposa.

Y fue en verano, al calor de una pista de baile improvisada en una verbena de pueblo de salazones y playas, cuando en ocasión de echarse a la pista Alma para bailar:

> *Corazón de melón, de melón*
> *melón, melón, corazón*
> *de melón, de melón, melón*
> *melón, corazón de melón,*
> *de melón, melón melón*
>
> *luna desde que la conocí*
> *no hago yo más que pensar*
> *en ella, en ella, en ella*
> *corazón de melón, de melón*
> *melón, melón, corazón de melón*
> *de melón, melón, melón, corazón*

... los cinco varones de su inmediata familia le descubrieron de pronto el oleaje de las manos contenidas por una blusa de viscosilla que dejaba transparentar unos sostenes blancos de segunda comunión del espíritu. La madre fue muy felicitada y cuando la muchacha volvió a la mesa entre calores, no entendió el despliegue de amabilidades varoniles, ni los falsetes en las voces que trataban de hablarle como si nada hubiera cambiado, sin conseguirlo. Poco a poco entendió el código de miradas que le rozaban los pechos como pájaros con miedo a desaparecer en aquellas arenas movedizas y ya en casa se contempló desnuda ante el espejo de su armario y acarició sus propios pechos como dándoles la bienvenida. Ya entonces supo que crecían con voluntad desigual. El izquierdo era un cerrillo tenso con el cráter pudorosamente abierto, inacabado, y en cambio el derecho crecía en dirección a las mejores estrellas, con la punta impertinente y conquistadora. Desde aquella noche le quedó la costumbre y la frecuencia cotidiana de acariciarse el pecho derecho, de acompañarle en su búsqueda de sí mismo, de su mismidad como hubiera dicho algún joven filósofo ya algo avejentado, obtenida, sin duda alguna, en el primer trimestre de mil novecientos cincuenta y ocho, según reseñó en su diario forrado con un resto de paño de cuadros escoceses con el que mi madre, modista, le había hecho una falda plisada. Si yo hubiera querido, el cuerpo de Alma no hubiera tenido secretos, a mi merced siempre que viniera a casa a hacerse las pruebas, pero en mi querencia mágica por aquella muchacha pocas veces, y en situaciones muy límite, utilicé mi ventaja y la contemplé semidesnuda a través de la ranura que dejaba la puerta de la habitación taller de mi madre, en verano. Puedo decir que así vista o desde la perspectiva de mi balcón, de Alma salía un aura dorada. Yo prefería contemplarla desde el riesgo de la clandestinidad. A la par que los ojos de los varones de su familia, también los míos acechaban desde el balcón, a veces protegidos por una persiana de listones verdes repintados y erosionados por cincuenta años de lluvias, el tiempo que mi familia habitaba aquella casa, tan propicia para asomarse a los pechos de Alma cuando salía a tender la ropa y me enseñaba sus senos desiguales, contenida su voluntad de saltar a la aventura. Ella era consciente de su condición de mujer templo, a la caza de las miradas de los fieles que como yo, de pronto, habían perdido su condición de hombres o muchachos neutrales ante su feminidad.

Reacio a exteriorizar mis sensaciones o a traspasar las conclusiones de mis experiencias o mis deseos, mi infancia apenas admite en su paisaje siquiera la sombra de la figura del amigo confidente, ese personaje condenado a parecerse al «amigo del chico», según una mitología del cine californiano, preferentemente, que había heredado de la tradición épica homérica. Los dioses necesitan dioses menores que les suministren las contestaciones que precisan y mueran por ellos si llega el caso. Igual ocurre en la epopeya y todos sus derivados, incluida la novela real e imaginaria que primero se vive y luego se decanta, falsifica, interioriza en la memoria. Nunca le consideré «mi amigo» a Juanito Seisdedos, aunque sentía por él algo parecido al afecto, entendido como la traducción subjetiva de la cantidad de energía pulsional y como una forma de histeria blanda, controlada, necesaria. Por eso le dejaba a Seisdedos ser «amigo del chico» en los períodos que pasaba en la calle, entre estancia y estancia en un asilo para niños descarriados. El descarrío de Juanito consistía en robarle monedas de diez céntimos y de dos reales a su abuela —no tenía de más valor— y en llamarle puta a su madre, que lo era, cuando aquella mujer venosa y puro bacilo de Koch volvía a casa mojada por la madrugada y los hombres. Seisdedos robaba dinero para jugar a la ruleta por los descampados, ruletas caseras fabricadas por niños con alma de croupier y para comprarse nueces en *Cantijoch Familia. Frutos secos*, un enjundioso establecimiento del barrio donde se vendían lujos del paladar, salvo las algarrobas que en aquellos años los seres humanos escuálidos les disputaban a los caballos percherones para alimentarse y así perpetuar la hegemonía sobre los caballos. *Da nuces pueris...* Da nueces a los niños... recomendaba Catulo. A mí también me gustan mucho las nueces, desde pequeño, desde que Seisdedos me aficionara a ellas, porque era un ladrón generoso y compartía con los amigos los frutos de sus latrocinios.

La primera vez que mi paisaje se quedó sin Juanito Seisdedos es una primera vez excesiva, casi lacerante, en blanco y negro, porque ni su estatura ni la mía rebasaban la baranda del balcón. Se lo llevaron al orfanato de donde salió al cabo de nueve meses con pupas en la boca y un guardapolvo amarillo. Las pupas le habían salido, me dijo cinco años después, cuando me consideró preparado para la revelación, de tanto chupársela al fraile celador a cambio de no ser castigado y de unas tabletas que parecían de arena achocolatada o chocolate de arena. Luego, Seisdedos salió y entró del hospicio como quien pasa largas temporadas en la otra vida y vuelve a ésta de visita o a cambiarse la ropa. Pero él creía que al recuperarme recuperaba la esperanza de quedarse entre nosotros y me escuchaba más que hablaba, a mí, precisamente a mí, que hablo poco y lo escucho todo. No me inspiraba compasión su evidente condición de ángel caído, sino temor a que pudiera contagiarme y meterme con él en el sumidero que se lo llevaba al hospicio lleno de frailes pederastas, y si aceptaba su compañía era porque me servía como contraimagen disuasoria.

Pero algo tenía que darle a cambio y hasta que lo maté veinte años después, le contaba proyectos, fantasías, ensoñaciones y finalmente crímenes, que era lo único que realmente podía contarle porque nunca he tenido proyectos, fantasías ni ensoñaciones. La ventaja de que te puteen desde la más tierna infancia es que no se te desarrolla el sentimiento de autocompasión, porque careces del referente de una edad de oro, por eso Seisdedos nunca se autocompadeció, al menos en mi presencia, aunque alguna vez se le nublaran los ojos el día antes de reingresar en el hospicio, nubes que se restregaba con la mano con violencia, como si le fuera en ello la propia estima. En uno de sus descansos de asilado, ya se afeitaba y como siempre olía a insecticida, le expuse mi fascinación por el pecho derecho de Alma. No podía invitarle a mi balcón para que lo viera, porque mi madre desde su discutible posición de pobre pero aristócrata moral que podía ir con la cabeza muy alta, se habría opuesto a aquella mala compañía, pero Seisdedos siguió a la muchacha, la estudió a las más cortas distancias posibles y un día me dio su veredicto: «Si no tuviera que irme al asilo, yo a esa me la tiro». Y es que algunos seres llevan el suicidio dentro y lo disfrazan de agresividad contra los otros. El veredicto de Seisdedos pasó íntegro, grabado en vivo, a mi secreta epidermis sensible y permanecería allí hasta que pudiera ajustarle las cuentas a aquel desafecto a las razones últimas de mi sutil relación con Alma.

Desde mis vivencias de mirón adolescente de balcón de un barrio del sur de Boston dejo a Seisdedos y vuelvo a Klimt, calificado por un crítico que le fue contemporáneo como *voyeur*, perpetuamente escindido entre el Eros y el Ethos, enunciado lúcido en el tiempo en que fue emitido, cuando la filología freudiana estaba incubándose y la contradicción entre Eros y Ethos podía ser el principio del descubrimiento de la conflictividad del alma del yo burgués en crisis. Si se contemplan las primeras obras de Klimt, por ejemplo *Amor*, alegoría de postal finisecular y postromántica, con el pintor del Friso Beethoven y especialmente con los tres iconos femeninos que representan la impureza, la lujuria y la intemperancia o con esa inquietante *Nuda Veritas* (la futura Alma Mahler), mujer liberada y amenazante con sus ojos claros, lascivos, irónicos que contemplan la realidad vestida del género masculino como si fueran rayos equis, se descubre una inversión en el convencional proceso que llevaría de la adolescencia a la madurez. El maduro Klimt supo ver en la mujer emancipada la mujer castradora, disfrazada de sirena o de serpiente acuática —esas mujeres peces que esconden su mismidad entre las escamas a la espera de un alumbramiento castrador— y la inquietud que despertaba ese desvelamiento del futuro femenino o, mejor dicho, del femenino futuro, la traspasaba a los espectadores hasta el odio y el miedo, como el que sentían los secuestradores de las SS ante las alegorías *Filosofía* y *Jurisprudencia* que rociaron con gasolina en el castillo de Immerdorf de la Baja Austria en 1945, como única, cobarde venganza ante la derrota consumada del supuesto masculinismo del III Reich. Lógico. Incluso ¡bien hecho! Les horrorizaba la geometría insultante del retrato de la decadencia y sobrepusieron la geometría de la legítima defensa a la compasión por la obra singular.

5

Se empeñan en preguntarme si en mis primeras ensoñaciones de Alma ya me dolía la cabeza y yo les digo que sí, que me dolía la cabeza de la polla de tanto como me la meneaba y de tan necesaria como me era ya la fimosis. No, no me dolía la cabeza, nunca supe lo que era un dolor de cabeza hasta que me vi convocado por el asesinato del *frigidaire*, que yo hubiera titulado *El suicidio involuntario de la contorsionista* porque Margarita von Rössli había sido contorsionista en su primera juventud. Precisamente este caso es uno de los que esta vergonzante cuadrilla freudiana ha utilizado para demostrar mis contradicciones. El estrangulamiento de la Von Rössli, en efecto, no fue propiamente un estrangulamiento aunque el cuerpo apareciera colgado de una ducha de bellota.

Nunca me he tomado la molestia de desvelarme ni de desvelar a los demás la razón por la que la colgué después de haberla forzado a que se congelara en un frigorífico que era su orgullo, importado especialmente para ella, el único en su género en todo Boston, su cámara de la muerte finalmente, al cabo de diez años de fetichistas complicidades. Se pavoneaba de que el *frigidaire*, tal como ella lo llamaba porque creía dar una mayor coherencia al significante del *ménage à trois* que había establecido con el artefacto y su marido, había sido su contribución a un matrimonio corto pero amoroso, con un hombre que besaba por donde ella pisaba, es decir, con un hombre que veía pisoteados sus besos porque la ex contorsionista tenía amantes por todas las bandas y a todos les contaba lo mucho que besaba su marido por donde ella pisaba. Y venga insistir en tan asquerosa imagen que rebajaba, cómo no, al marido, perteneciente a las peores razas de los maridos, esos animales domésticos que terminan por ser tan previsibles como los suizos, los japoneses y los buzos de escafandra. «Cuatro años de felicidad sin límites», presumía la Von Rössli, una vez enterrado aquel marido sin suerte, porque no la tuvo, muerto de un ataque cardiaco en un autobús aéreo, agravado sin duda porque entre el pasaje viajaba un ex médico, miembro de la Cámara de Representantes, que se empeñó en vivir la película de su vida cuando la azafata, siguiendo esas estúpidas y manidas instrucciones de vuelo, no contenta con la parodia de *streap tease* que lleva la enseñanza de las puertas de salida en caso de caída libre o de cómo ponerse el salvavidas si te estrellas contra una espesa selva o picacho alpino, cogió el micrófono y preguntó si había algún médico a bordo. Esta es la mía, pensó el aplazado médico y se echó sobre el marido de la Von Rössli, dispuesto a perder el aire para salvarle la vida en el boca a boca más largo de la historia del cine, más incluso que el que protagonizaron Cary Grant y la Bergman en *Encadenados*.

El marido de la Von Rössli, de origen alemán, aunque afincado en Boston y uno de los mejores especialistas en tablas *input-output*, según glosó una breve necrològica de la prensa bostoniana, no tenía ya ni sombra de vida cuando el ex médico-diputado le retiró sus labios y el cadáver ponía esa cara de polaco que asumen los alemanes muertos si son católicos. En cambio, en la fotografía que permanecía sobre el frigorífico, una de las dieciséis que besaban por donde pisaba la Von Rössli en sus recorridos por la casa, el alemán tenía cara de dolerle la cabeza, y por eso cada vez que nos mirábamos en presencia del frigorífico yo le pedía a Margarita una aspirina si el dolor me venía agudo o un gelocatil si era más llevadero. Y esa ha sido mi única relación de por vida con el dolor de cabeza y con las pastillas. Pero estos psicoanalistas, por más que despotriquen contra los psiquiatras pastilleros, están muy corrompidos por la industria farmacéutica —cobran comisión por las pastillas, por los divanes y por todas las sillas eléctricas que utilizan— y quieren localizarte fisiológicamente el disturbio para recetarte pastillas, aunque en teoría estén, hipócritamente, en contra de las pastillas.

Tampoco quiero insistir demasiado ahora en lo que he sostenido en presencia de estos sinvergüenzas, de esta burocracia psicoanalista o psicologista a secas que trata de ganarse el sueldo cubriendo el expediente de clasificarme e interpretarme. Se lo dije muy claramente el otro día a un lacaniano argentino que se dedica al tráfico de falsos manuscritos inéditos de Lacan en el mercado negro lacaniano. Él quería llevar nuestra conversación a la constitución del *super ego* para pasar a la identificación primordial y acabar en la pulsión de muerte. Yo le venía venir, dale que te pego, dale que te dale y yo sin salir de «El Yo y el Ello». Si él me decía: «Señor Cerrato... —se niegan sistemáticamente a llamarme De-Salvo para desidentificarme, en el empeño de que yo no soy el que soy y de que he escogido una personalidad nefasta para fingirme esquizofrénico—... si el sujeto es lo que un significante representa para otro significante, entonces por ingresar al mundo del lenguaje habrá algo que siempre anticipe al sujeto. Habrá algo de lo cual siempre carece y es en este tiempo del sujeto donde podemos inscribir el "Falo", que no es nada carnal, es "Falo". Un significante de lo que le falta al sujeto por ser, ser del lenguaje, ser de la palabra. Por lo tanto el "Falo" no ha de ser ni masculino ni femenino y si Vds. los estranguladores llegan a conclusiones teóricas de la existencia de lo femenino y lo masculino, el "Falo" sería razón de esa relación establecida. El "Falo" no se puede ni ser, ni tener. Todas las aproximaciones a ser o tener el "Falo" son las enfermedades psíquicas, y cuando el sujeto se desidentifica al meterse en el campo del Otro, donde los significantes son simples representaciones que no le ratifican, se autoamenaza constantemente con pulsiones de muerte que no le son externas. Lacan describió ejemplarmente la circularidad de la pulsión de muerte: sale del sujeto, su fuente, bordea el objeto, no lo toca y vuelve al sujeto... es el juego sadomasoquista constante, ver y ser mirado... agredir y ser agredido..., y Vds. los estranguladores rompen esa circularidad. Es como si se entretuvieran por el camino y se dedicaran a matar al Otro».

Yo ni caso. Yo sigo fingiendo que sueños y ensoñaciones me propician el disturbio de sentirme y no sentirme yo mismo. «Este... ¡ya volvemos con la mismidad!», se impacienta el argentino lacaniano, pero yo no me muevo, no me dejo arrastrar al proceloso asunto de la identificación primordial y la pulsión de muerte, porque ahí el tío se siente seguro y yo en cambio me desmorono y me envilezco cuando me reducen a la condición de asesino de mí mismo, atraído por la digresión de matar a los otros y volver lo más tarde posible a ultimar el círculo de la mismidad. Por eso soy histórico y descerebro a esta gentuza estableciendo una lógica historicista de causas y efectos en mi conducta y además la interrelaciono con la conducta social. «Sociologista de mierda», he oído como me califican cuando no me hacen el paripé y hablan de mí como expediente penitenciario 1988/712. He oído que a veces me llaman, despectivamente, aprendiz de misántropo, es decir, aprendiz de odiar a los hombres, y yo les llamo «misólogos», en el sentido socrático del término, tal como aparece en el *Fedón* de Platón, es decir, «el que odia la razón». Mi envidiable cultura grecolatina se la debo a una profesora auxiliar de griego, interina cuando enfermaba el profesor de latín de la Escuela de Fontanería de Boston y perteneciente, por derecho propio, a la galería de las mujeres profesorales que trataron de vampirizarme desde su supuesta superioridad biológica, social y cultural.

6

Uno de los psiquiatras a los que tuve que ajusticiar, el argentino lacaniano, había presentado una ponencia sobre mi caso estuchada con un título excesivo para el contenido que se le podía suponer a aquel imbécil: *El falso estrangulador de Boston: ¿Una fabulación enciclopedista?* Como yo le interrogara sobre tan estrambótica denominación, no me dio una explicación plausible, sino tan ambiciosa que desvelaba su desmesurada voluntad de incorporarse al inútil río de las filologías psicoanalista o psiquiátrica. «Vd., señor Cerrato, es un caso atípico que puede convertirse en un tipo característico que yo propongo sea denominado "enciclopedista". ¿Por qué precisamente enciclopedista, se preguntará? —yo no me preguntaba nada y a él, menos—. Pues porque se considera "hombre enciclopedista" o "renacentista" el antitipo del hombre unidimensional, es decir, al sabio polimórfico. Vd. es un sabio polimórfico. Vd. sabe... ¡tanto! Cerrato. ¡Tanto!» ¡Temían y temen mi saber! Hacen bien, sobre todo ellos que se creían a salvo en su probeta filológica y se asustan como alimañas ante el lucerío cuando me saben poseedor de su lenguaje de secta. La miseria enmascaradora de estos psiquiatras les lleva a hacer un mohín de disgusto cuando sistemáticamente yo pongo en evidencia el sentido endogámico de la relación que han establecido entre su no saber y su mucho lenguaje. Así, me niego a utilizar el término «falo» —función simbólica del pene en la dialéctica intra e intersubjetiva— y utilizo pene o polla y picha, si estoy de mal humor, que para ellos, como para los curas de cualquier religión, es sólo el órgano concreto obsceno en su *mismidad*. Pero basta contemplar los movimientos del pene o polla para comprender su autonomismo, su condición de hijo predilecto, progresivamente desafecto, a veces pródigo y con tendencias parricidas, del hombre y de algunas mujeres desarrolladas *contra natura*. Ha sido Lacan y los lacanianos quienes más han contribuido a que el «falo» como abstracción simbólica devenga el significante del deseo.*

Los senos serían entonces receptivos, a diferencia del falo emisor de señales de mis mismidad y deseo. Los senos asimétricos de Alma estuvieron asomados al balcón de toda mi adolescencia, época en la que todo lo que se metía en mi vida aparecía como agresión al estado espiritual de plenitud que me aportaba asomarme al balcón para verle los pechos, así como me asomaba al hueco de la escalera para ver las piernas de mi vecina del piso de arriba. *Voyeur, voyeur*..., coleccionista de porciones de anatomía deseadas, como si el resto fuera naturaleza muerta. ¡Pulsión de muerte! ¡Qué sabrá esa gentuza de la pulsión de muerte si ni han matado ni se han muerto! En esta vida he matado mucho y bien. Impropiamente se me llama *El estrangulador de Boston*,

---

* *Nota del Estrangulador*: Si se quiere perder el tiempo véase: «Les formations de l'inconscient, comte rendu de J.B. Pontalis», en *Bulletin de de Psycologie*, 1958.

aunque crímenes por estrangulamiento sólo haya cometido tres y los treinta y cuatro restantes hayan requerido el más variado instrumental, sin desdeñar la alquimia letal clásica del arsénico, el cianuro o esa maravillosa mistificación que es el curare. No recuerdo bien si fue por mi cuenta y riesgo, siguiendo las instrucciones de algún manual comprado en una librería de viejo, como aprendí el uso de la cerbatana y del curare, indispensables para matar a distancia con agujas impregnadas. La cerbatana es el símbolo del rayo de sol en la mitología maya.*

Llegué a ser tan diestro en los lanzamientos que desde niño tuve que contener el impulso de asesinar a varios de mis vecinos —nunca Alma— cuando en verano salían al balcón a tomar el fresco de anochecida. Vencía el impulso criminal recordando un sabio consejo de mi madre: «Si alguna vez has de hacer algo malo, que sea lejos de tu casa». Nunca he matado a nadie situado a una distancia inferior a siete kilómetros de mi residencia habitual, y si escogí el número siete como la medida de la distancia imprescindible mínima fue porque el siete es el número cabalístico: siete son los días de la semana, siete los planetas, los grados de perfección, los pétalos de la rosa, las ramas del árbol cósmico y sacrifical del chamanismo. A su vez, los siete pétalos de la rosa evocan los siete cielos y las siete jerarquías angélicas,

---

* *Nota del estrangulador*: Si se quiere ampliar este conocimiento, recurrir a *Le Popol Vuh, Histoire culturelle des Maya-Quiché*, de Gerard Raphael, París 1954, pero del todo desaconsejable preguntárselo a cualquier maya residual actual, absolutamente maleados por la civilización cristiano-capitalista o cristiano-comunista, votantes incluso del PRI, en México, hasta la revuelta de Chiapas de 1994.

los conjuntos más perfectos de la Creación. Hipócrates decía: «El número siete, por sus virtudes escondidas, mantiene todas las cosas en el ser, dispensa vida y movimiento, influye hasta en los seres celestiales». Si Hipócrates lo dijo por algo sería y yo siempre he sido muy respetuoso con la cultura clásica, tanto como irrespetuoso he sido con las espurias culturas de la modernidad y sobre todo con la sociología, que es uno de los saberes más basados en el don de la obviedad, sin otra seguridad que la que otorgan las faldas de la mesa camilla de las estadísticas.

7

Mis maestros de primera enseñanza decían de mí que era un niño antiguo, y adolescente antiguo me llamaron dos profesoras que tanto habrían de influir en mi vida, la señorita pija profesora de francés y la auxiliar de lenguas clásicas a la que me he referido. Pero el tono de aquellas dos mujeres ni se acercaba a la desconsideración con que me calificaba de niño antiguo el señor Dotras, al que colgué de una verja de una villa Art Déco de una costa que muy bien pudiera ser la de Nueva Inglaterra, aunque la memoria me falla en el recuerdo de las localizaciones y los psiquiatras penitenciarios que se han sucedido en mi tratamiento han querido inútilmente dibujar un itinerario de los escenarios de mis hazañas. A uno de estos psiquiatras lo maté en la bañera, por el procedimiento de arrojar en las aguas aromatizadas con sales de violeta marca Bioterm, un secador de pelo Kenwood conectado a la red eléctrica con la avidez de potencia que suele caracterizar a los mejores Kenwood. A mayor potencia del electrodoméstico mayor efectividad en la ejecución y por eso pensé primero en arrojar a las aguas jabonosas de la bañera, puro potaje de Badedas, un Kenwood Chef, Model A901 que figura entre los utensilios de la cocina de este psiquiátrico penitenciario, pero era muy pesado para el traslado y muy injustificable su ubicación en el mismo ámbito de la bañera, habida cuenta que el Kenwood Chef confecciona pasta, muele café, separa zumos, pica carne, hace salchichas, rebana, exprime jugos, licua, liga cremas, abre latas, cuela con el celo de un tamiz, monda patatas, muele trigo y, mágicamente, pela habas.

De acuerdo en que las electrocutaciones en el agua son chapuzas, por la facilidad criminal que presentan, pero en ocasiones no hay más remedio que acudir a ellas, sobre todo cuando se está encerrado en sitios como éste, sin elementos adecuados para ejercer la vocación. La muerte en el agua, de la imaginería surrealista —¡cuánto le debe a la muerte pasiva de Ofelia en el cuadro del prerrafaelita Everett Millais o a las mujeres peces de Klimt!— tan excelsamente utilizada por T.S. Eliot: «... *y entonces nos despiertan las sirenas y nos ahogamos...*», y por Rafael de León: «... *y la vio muerta en el río/como el agua la llevaba/¡Ay corazón parecía una rosa!/¡Ay corazón, una rosa muy blanca!...*», representa la más subversiva contradicción contra el simbolismo del agua viva y causa de vida, ultimado en la obscenidad del Espíritu Santo, suprema agua sabia que limpia las almas. Pero en el hermoso Antiguo Testamento el agua es fundamentalmente muerte o amenaza de muerte, como en las aguas del Mar Rojo, abiertas para que Moisés escape con su pueblo, y en su condición de muerte el agua adquiere su verdadera estatura: «*Sálvame, oh Dios, pues las aguas han entrado en mi alma...*», se grita con pánico de ahogado interior en *El libro de los Salmos* y Eliot canta la muerte en el agua de Phlebas el Fenicio: «... *una corriente submarina/recogió sus huesos en susurros. Al levantarse y caer/ atravesó las etapas de su vejez y juventud/ entrando en el remolino*».

Si el crimen es una de las bellas artes, se debe fundamentalmente a cuestiones de situación y de instrumento, porque no hay crimen menos artístico que el que enseña sus razones de inmediato y el que ha sido realizado con la ayuda de herramientas tan zafias como el hacha, o tan obscenamente crueles como las tijeras. El hacha suele ser instrumento de asesinato de pueblos culturalmente inferiores y temibles porque han culturalizado positivamente la reacción primaria, plasmada en aseveraciones morales peligrosas como: yo no tengo pelos en la lengua o yo se las canto al lucero del alba. Entre algunas culturas primitivas es el símbolo de la cólera, sustituta del rayo y la tormenta. Tal vez chinos, pieles rojas, los griegos más antiguos consiguieran ver algo digno en tan bárbaro utensilio, ya que al fin y al cabo, Atenea nace del cerebro de Zeus hendido por un hachazo, pero entre los bostonianos, matar de un hachazo indica muy baja condición. En cuanto a las tijeras, los griegos las tuvieron muy consideradas, como atributo de la Moira —la Parca romana— llamada Átropos, la inflexible, especialista en cortar el hilo de los días, expresión misma de que la vida depende de los dioses, hilo frágil..., pero en tiempos de descreimiento mitológico como los presentes, en los que el colesterol, Juan Pablo II, Madonna, la nicotina, Hillary Clinton y el SIDA han sustituido a los demonios y a los dioses, las tijeras son lo que son, herramientas de sádicos o de extraños estudiantes japoneses becarios en París, empeñados en asesinar a sus novias, generalmente holandesas, según demuestran casi todas las estadísticas que he consultado.

En algunas ocasiones la interacción de situación e instrumento consigue verdadero arte, a la manera de esos montajes de escenificación que representan el paso adelante de los conceptualistas. Y sin falsa modestia, el asesinato de la Von Rössli pertenece a la categoría de crimen superior. He de decir que durante varios meses yo me había aplicado a un sector nuevo y muy excitante para mí, el de las críticas de arte dominantes en Boston, concretamente dos, que como los españoles y los portugueses en los tiempos del papa Alejandro VI, se habían repartido el mundo. Una de ellas era El Padrino de la mafia del informalismo, y la otra de la del formalismo, salvo las fiestas de guardar, en las que descansaban y las dos se manifestaban partidarias de Francis Bacon. No había cuadro reputado en una u otra tendencia que no dependiera de la reputación que le aplicaban aquellas arpías. Muy rápidamente, porque la historia no dio para más, las exterminé por la vía rápida: a la una golpeándola en la cabeza con una botella Magnum de champán local fruto de una pequeña empresa champañera familiar, y a la otra la empujé al relativo vacío que mediaba entre el balcón de su apartamento situado en un sexto piso y la calzada. Quedaron tan ilimitadas como las siluetas de Francis Bacon llenas de pulpa humana. He sido siempre consciente de que la garantía del éxito de mis acciones se debería a la falta de ilación en una criminalidad por otra parte lineal, pero no litúrgica, porque la liturgia es, después de las huellas dactilares, el peor enemigo del criminal científico y artista. Es decir: no he querido dar facilidades en cuanto al cálculo de mi ritmo de actuación, porque luego te salen listillos como Bottomly, estableciendo asociaciones entre el cambio de las fases lunares y la ultimación de mis impulsos criminales.

Linealidad, sí, pero quebrada, mediante saltos continuos a diferentes campos, y así yo me presenté ante las críticas de arte como un especialista de la escuela sociologista en viaje de ampliación de estudios en Boston, y ellas se me entregaron porque querían redimirme, desde el prejuicio de que la desestalinización iniciada por Kruschev, recientemente ultimada con la caída del muro de Berlín, implicaba la caída del sociologismo. ¡El último mohicano del sociologismo —exclamaban cariñosas pero sarcásticas— en unos tiempos en los que el pasado no ilumina nada y el futuro es más imperfecto que nunca! Para impresionarlas me fue de gran utilidad saberme de memoria *Social Radicalism and the Arts* de Donald Drew Egbert, una Biblia en verso sobre las filosofías del arte de la izquierda, desde los jacobinos de la Revolución francesa de 1789 hasta los jacobinos de aquella opereta pseudorrevolucionaria que fue el *mayo de 1968* francés, interpretada por un elenco de pijos hijos de papá con síndrome de hijos pródigos dispuestos a volver a casa antes de que el gallo cantara tres veces.

8

Ante Margarita von Rössli yo era un fontanero con los suficientes conocimientos de electricidad como para arreglarle los ronroneos desafectos que ella había percibido en su querido frigorífico tartamudo al que llamaba Asdrúbal, en recuerdo de un poeta cartaginés, púnico decía ella, tartamudo digo yo. Como la Von Rössli era una fetichista, me sirvió de mucho la preciosa caja de herramientas victorianas que yo le había comprado a una malograda anticuaria y que la Von Rössli elogió hasta la afonía, al tiempo que me miraba todos los rincones del cuerpo como buscando la relación exacta entre mi mismidad y mi buen gusto. Ni que decir tiene que mis represores niegan incluso la existencia de esa caja de herramientas y me muestran la «verdadera caja», según ellos, que me encontraron en casa con la ayuda de un parapsicólogo zahorí, una despreciable caja de herramientas modernas, al alcance de cualquier socio de American Express. Ni siquiera les pasa por su subcabeza que yo pudiera tener dos juegos de herramientas, a pesar de que se recrean en la especulación sobre el fetichismo delegado que yo demuestro en la historia de la Von Rössli y su frigorífico tartamudo, que más parecía un hombre de las nieves capado, aunque ella le llamara «mi osito metálico». En este caso el fetichismo positivo de la Von Rössli —la adoración por el frigorífico-espíritu-positivo— yo lo invertiría convirtiéndolo en un fetiche demoniaco, en un espíritu instrumentalizable para el crimen.

Asdrúbal era un armario blanco, cúbico, rumoroso, dividido en tres zonas fundamentales: el congelador a manera de subarmario que ocupaba el hemisferio izquierdo de la bestia, el frigorífico propiamente dicho y un cajón elaborador de cubitos de hielo del que también emergía un grifillo para el agua fría y depurada. Nada más abrirle la puerta, Asdrúbal se echaba a temblar y la Von Rössli, sobresaltada, me miraba dubitativamente y comentaba que estaba así desde la desaparición de su marido: «El pobre está muy deprimido. Nos aveníamos mucho los tres. Mi marido me adoraba. Besaba por donde yo pisaba. Pero después de mí, lo que más quería en este mundo era ese frigorífico. Venía de una familia muy pobre y ni siquiera había conocido la nevera de hielo en su dura infancia en la Selva Negra».

La avería era de fácil reparación. El muy golfo estaba cansado, dejaba que se le obturasen los filtros y para joderle, en lugar de repararle el filtro original, se lo cambié, vía traumática, quirúrgica..., que encajó con tantos estremecimientos que la Von Rössli me miraba aterrorizada, como si de pronto comprendiera o temiera que yo no era el más indicado para restaurar a su osito polar metálico. En cuanto se tranquilizó, su ama lo sacó de paseo sobre la plataforma de ruedas y le limpió los serpentines traseros con un champú para niños, sin dejar de acariciar el pulimentado y cebado cuerpo mientras expresaba ternura y fascinación: «Así, bien limpito... Te ha gustado que te sacara a pasear tu amita ¿eh, bandido?... ¡Qué dueña tan marranita tienes! ¡Mira qué chorrete de Biomanán —tenía un absurdo complejo de gordita y comía porquerías adelgazantes— se te ha quedado en la carita!». Y le limpió los chorritos de Biomanán con una lengüita pequeñita como su dueña y tan contorsionista que conseguía formar un ángulo recto en contacto con la blanca superficie pulimentada del *frigidaire*.

Era una situación extraordinariamente propicia. Le elogié la belleza de su caballero e incluso me presté a acariciarlo a cuatro manos hasta que ella reprimió un sollozo y salió huyendo de la habitación. La encontré sobre su amplio lecho de descasada, enseñando algunas de sus pequeñas carnes rosadas, entre los deslices de la bata y el camisón de seda, sollozante, en la creencia de que debía darme explicaciones por su desfallecimiento. Su marido y ella hacían la limpieza del frigorífico juntos y comentaban sesudamente su proceso de madurez, porque los frigoríficos maduran y tienen una vida de foxterrier bien cuidado y no demasiado comilón. Sólo necesitan agua y limpieza, hacen compañía por su simple presencia, prometen interiores llenos de placer y de vez en cuando estallan en susurros y tartamudeos mecánicos que son lenguaje, lenguaje mismo que el usuario merece entender y, en su caso, necesitaba entender más que nunca, como contrapunto de la soledad en que la había dejado la muerte de un marido que besaba por donde ella pisaba. La miraba a ella y luego volvía la cabeza hacia la cocina, donde habíamos dejado al frigorífico. Mi cabeza acababa de establecer una armónica relación entre situación criminal e instrumento. Esa es la cuestión y no la mentecatez de la inversión fetichista, como una relación más espontánea e igualmente perfecta en el caso del profesor Dotras colgado de una verja de aliño para un monumento referencial, desde una cierta poquedad, de la arquitectura Déco europea.

9

Fue uno de mis trabajos más preparados, hasta el punto de que me disfracé de jubilado y viajé con Dotras en un autocar lleno de jubilados auténticos que cantaban esas insufribles canciones de autocar que algunos desalmados mallorquines han llegado a convertir en canciones de vuelo charter. El señor Dotras me había maltratado de palabra y obra cuando tuve que soportarlo en los grados cuarto y quinto de la enseñanza básica, entonces llamada primera enseñanza. Se dormía en clase y cuando se despertaba nos ajustaba las cuentas por lo que suponía habíamos hecho durante su sueño de pluriempleado. La tenía tomada conmigo porque le desagradaba mi sonrisa «pálida», decía amariconando la voz, poniendo en cuestión e incluso en entredicho, una de las gracias que me atribuía mi madre: «Con esta sonrisa te abrirás muchas puertas». Las bofetadas del señor Dotras eran de piedra y mi pequeña cabeza se agrietaba por dentro, aunque por fuera siguiera pareciendo una bola de mantequilla con el flequillo rubio y una sonrisa «pálida» que aquellas manazas querían borrar aun a costa de ensuciarse con el desprecio de mi mirada. Cuando terminé la enseñanza básica y gracias a la fontanería ascendí a grados superiores, cultivé la amistad del señor Dotras, perteneciente a esa clase de maestros crueles a los que les gusta presumir del culto que les conservan los ex discípulos, ya mayores, incluso casados y con hijos, masoquistas de mierda que inculcan a sus mujeres y a sus retoños el entusiasmo que les despertara el educador sádico.

En efecto, en cierta ocasión le presenté a mi mujer y a mis tres hijos y le regalé un *panettone* trufado de pasas de Corinto que compré de oferta en un supermercado miserable, lleno de cagadas de rata y de dependientas con varices y talones de hipopótamo. El señor Dotras cató el *panettone* en nuestra presencia, atribuyéndose impaciencias de viejo-niño-goloso que quisiera constaran en el haber de su simpatía de anciano frágil, ante las manifestaciones del cariño ajeno. Mientras masticaba el algodón rubio del *panettone* yo le sonreía adultamente y mis hijos reproducían mi sonrisa de infancia, tres sonrisas pálidas, rubias de mantequilla, que mi mujer atribuía a lo felices que eran: «Nuestros hijos... ¡son tan felices!», solía exclamar aquella tía asquerosa viniera o no viniera a cuento, sin advertir que estaba firmando su sentencia de muerte, porque nada hay que irrite tanto a un estrangulador, si es de raza, como verse implicado en cualquier reparto de felicidad. Sólo concibo la felicidad como geométrica, es decir, racionalmente provocada, incluso con la ayuda de la química, o robada, secretamente gozada, la única felicidad que no comporta representación teatral, fingimiento, y por eso elogio la del *voyeur* como la más perfecta.

Y como *voyeur* vuelvo al balcón del que nunca debí apartarme, situado a medio camino entre la placenta y el exterior infinito, y allí están los senos asimétricos de Alma, la dorada. Para desidentificarla y de paso desidentificarme, los psiquiatras me plantean una y otra vez la interesada pregunta: ¿Está Vd. seguro de que se llamaba Alma? ¿No es más cierto que se llamaba María Asunción? ¿Cómo es posible que alguien se asome a un balcón para verle el pecho derecho a una mujer que sólo ha podido llamarse María Asunción, aunque no tenga ella la culpa?

10

Ningún contemplador hubiera podido advertir a simple vista la desigualdad entre el izquierdo y el derecho, ni, si llegaba a percibirla, que la desigualdad fuera evidencia de monstruosidad. Los dos senos mantenían un equilibrio global que no impedía captar la mayoría de cantidad y cualidad del derecho, atribuida por la madre de la muchacha y el endocrinólogo a que creciendo el izquierdo sobre el corazón padece la resta de la savia que necesita víscera tan posesiva y fundamental. Fue entonces cuando capté por primera vez la intención explícitamente castradora de mis padres, sobre todo de mi padre, que era un puro tópico freudiano a pesar de que el libro de más envergadura que había leído era una enciclopedia Billiken, premonitoriamente argentina. Mi padre era un pesimista maltusiano que me engendró en un momento de debilidad erótica, histórica y científica, excepción anímica que confirmaba la regla de su pesimismo causado por haber perdido una de las peores guerras de secesión y haberse escandalizado hasta el exilio interior tras el asesinato legal de Sacco y Vanzetti.

Mucho se ha escrito sobre el complejo de Edipo, pero casi nada sobre el de Abraham, si olvidamos las digresiones de Otto Rank en *El mito del héroe*, de las que se deduce que el complejo de Abraham es una variante del mito edípico. Abraham siempre predispuesto de mil amores al sacrificio de Isaac aparentemente por orden de Dios, pero expresión simbólica de la ilusoria ambición de eternidad que pasa por la muerte del hijo. Freud, patriarca y judío, al fin y al cabo, enmascara el complejo de Abraham con el de Edipo, convirtiéndolo en una peripecia subalterna del complejo de castración. Yo tengo algo que decir sobre esta cuestión. Prestigiada la endocrinología por los logros plasmados en Alma, materia de conversación convencional en todo el barrio, donde la casi carencia de porteras obligaba a las mujeres normales a chismorrear como porteras, mis padres me inmolaron sobre la camilla del mismo endocrinólogo, que tras verme la polla y los testículos cabeceó dubitativo y dijo algo de mal entender, pero lo suficiente como para que mi padre le comentara a mi madre: «Si no puede tener hijos que no los tenga, que ninguna falta hacen, porque suelen ser desagradecidos y parricidas». Todo se reducía a un problema de fimosis, como han podido comprobar estos brujos que se lanzaron sobre mis partes con microscopio, por si allí estaba la causa de mi locura, pero entonces ni mis padres ni yo estábamos para simplificaciones científico-técnicas y nos temíamos lo peor. Así que cogí a mi madre por mi cuenta en el balcón de nuestra casa, anochecía, la forcé a volcarse hacia el vacío mientras la necia reía, reía por lo imaginativas que siempre eran mis bromas: «¡Con esa sonrisa rubia, pálida, tan encantadora, consigues de mí lo que quieres». Y con mi sonrisa rubia, pálida, encantadora le lancé un ultimátum cuando la mitad de su cuerpo colgaba por encima de la baranda: o conseguían que yo pudiera tener hijos o no iban a llegar a viejos.

Alma vivía ajena a la peligrosidad de los padres propios y ajenos y de los endocrinólogos en general. Al contrario, se sentía halagada por el orgullo proclamador de su familia, sobre todo el de sus hermanos, que le miraban y le tocaban las tetas siempre que podían, aunque dentro de los límites de lo no considerable como incesto. Ese orgullo proclamador hizo que el coro de pretendientes acudiera, convocado por la fama de aquellos pechos tan exactos en su diversidad, como contenidos, y sobre todo del derecho, único en su género y en su situación, al decir de los más expertos. Todo lo demás componía un conjunto agradable y desarmonizadamente armónico, una belleza moderna para su tiempo en el que aún los *sex symbols* se proponían desde el canon de la rotundidad. Su aura de muchacha dorada no conseguía anular que fuera vagamente rubia y pálida, de esqueleto esbelto y manos finas, de movimientos lentos y miradas azules, casi grises al atardecer. Alma se concedía a sí misma y a los demás el vencimiento moral de llevar escotes en punta, ligeramente desbordados hacia su seno perfecto, para que prometiera ser lo que era, sin que nadie pudiera acusarla de exhibicionismo. Y jamás enseñó su seno a nadie o a nada que no fuera obligado por exigencias de la vida: a su madre, a una amiga de la infancia a la que le tenía mucha confianza, a su marido y al endocrinólogo, quien maravillado por la evolución de su paciente, le rogó a su madre que le dejara perpetuarse como médico de cabecera. Así, cada tres meses, Alma y su madre acudían a la consulta y el médico les esperaba en su despacho descrito por luces indirectas y desde el parapeto de la penumbra y la poderosa mesa de nogal llena de papeles y de cajitas de muestras de medicamentos, la voz temblorosa del galeno pedía que se descubriera el pecho. Los dos no. No. Uno sólo. El derecho. Y mi Alma desprendía un botón de nácar del antepenúltimo ojal de su blusa y luego iba descendiendo arrancando a cada ojal un latido a medida que lo vaciaba, hasta quedar con el busto abierto en canal, a la espera de una de sus manos paloma que abriera la blusa hacia la derecha, para que brotara un seno de mármol rosa lleno de sangres azucaradas por peladillas y culminado en un pezón torturado y retorcido por su propio complejo de perfección. La voz del médico se achicaba hasta hacerse murmullo de fuente casi sin agua, pero Alma y su madre conocían el ritual de memoria y sabían interpretar los bisbiseos desfallecidos del científico: Cójase el pecho con la mano derecha... Sopéselo... Levante el pezón hacia arriba... Retuérzaselo... Sópleselo... suavemente... con un chorro de aire emitido con los labios semicerrados... en pico... ¿Así?... Así.

Alma jamás estuvo en condiciones de ironizar sobre su situación, ni de gozarla sensorialmente en plenitud, aunque yo le capté irreprimibles deslices narcisistas en una adolescente operación de cerco de la que ella salió sin ni siquiera despeinarse. Tal vez mi vida habría cambiado y se habría dirigido hacia la normalidad si Alma me hubiera hecho caso, circunstancia imprevisible porque jamás le pedí que me lo hiciera; al contrario, cuando nuestras miradas se cruzaban de balcón a balcón yo hurtaba la mía y cuando nos encontrábamos en la calle tampoco le aguantaba sus ojos con los míos, entre otros motivos porque jamás me los entregó, a lo sumo una delicada sonrisa, de paso, de perfil. Había desaparecido aquella compañera de juegos de los anocheceres en la plaza de fuente con estatua de santa, martirizada por el procedimiento de cortarle las tetas. Se trataba de una santa muy apreciada por los sibaritas de martirios, generalmente católicos, porque en otras religiones, con la excepción de la fementida piratería malaya, tienen una relación menos sadomasoquista con el mártir. Un buen mártir cristiano ha de pasar por una serie de calamidades y torturas espeluznantes y en cambio un mártir excelente mahometano sólo debe morir en una guerra santa y ya ha cumplido. La santa estatua de la plaza había sido introducida en un barril lleno de cristales rotos y lanzado, con la Santa dentro, por una calle de muchísima pendiente, escogida a propósito para este tipo de laceraciones y posteriormente lugar idóneo para el asentamiento de un barrio judío. No contentos con tan bárbaro destrozo, a continuación le cortaron las tetas y la iconografía cristiana la reproduce portadora de una bandeja con sus propios pechos, sin que en el cuerpo cubierto se note que los haya perdido. ¡Cuántas veces relacioné la leyenda de la santa destetada con el esplendor de Alma! Ella no sabía que yo la iba siguiendo a distancia, cuando salía de su escuela, cuando iba a la compra, cuando paseaba a los hermanos más chicos, por el puro placer de seguirla, desde la tranquilidad que me daba lo lógico de mi ubicación si era descubierto y el deseo angustioso de no serlo.

11

Dejé de recordar a aquella niña muerta y pasé a soñarla como iniciadora sexual, y a pesar de los semicírculos de sudor que le crecían en la blusa bajo los sobacos, piel malvada entrevista junto a la piel mortaja de la combinación blanca o azul o rosa o color carne, le consagraba mis pajas más totales, fueran a una o a dos manos, pajas de escultor de orgasmos que nada tenían que ver con las que se hacen estos delincuentes con los que cohabito en esta penitenciería, bujarras de ocasión o circunstancia y capaces de recostarse sobre una de sus manos para dormirla y poder imaginarla luego instrumento masturbador que parece ser de otro, probablemente del Otro. Aunque haya cambiado mucho la teología de la paja, la simple negatividad con la que me fue trasmitida sin duda condicionó una educación sexual en la culpa, como también las primeras experiencias con prostitutas baratísimas que yo conseguía agenciarme acumulando revistas y diarios viejos y vendiendo tan triplemente muerta mercancía a los traperos de mi circunscripción electoral potencial. Así recuerdo a aquella puta de mala muerte de la fatal noche de San Juan de... ¿O acaso en la noche de San Juan de mi recuerdo hice el amor con la que habría de ser mi esposa legítima, madre de mis hijos?

¡Qué concepto tan cerrado, tan determinante! Es preciso reabrirlo y asumir que en aquellos años anteriores al SIDA y al Papa polaco, lenguajes institucionales como «legítima esposa» o «legítimo esposo» poco tenían que ver con una realidad sexual experimental y libérrima que nos afectaba especialmente a los fontaneros, electricistas, estranguladores ilustrados, aunque llevaran las de ganar los graduados en escuelas superiores y aun en universidades, sobre todo si en su currículum, junto a una buena graduación en una universidad de la Liga de Hiedra, figuraba un máster en marxismo-leninismo en Tirana (Albania). Jamás se producirán adulterios tan historiados y a la vez sofisticados como aquellos, interpretados por los técnicos contraculturales más reputados de Boston. Era la primera hornada de técnicos dotados del hálito romántico de la revolución robado a los políticos y a los poetas para concedérselo incluso a los sociólogos y a los peritos industriales, en nombre de una nueva revolución científico-técnica. No recuerdo muy bien cómo conocí a mi legítima esposa, tal vez en algún encuentro de morbosidad cultural con los que los bostonianos nos defendíamos de las groserías del fascismo maccarthysta, pero sí me consta que aquella mujer tenía buena crianza, aunque una cierta tendencia a mirarme por encima del hombro porque yo me había hecho demasiado a mí mismo y mis orígenes no tenían nada que ver con los pioneros llegados con el *Mayflower*. Por lo demás, fue una casada discreta hasta que la difusión de la píldora y el acceso indiscriminado de las bostonianas al carnet de conducir, conformó el fantasma de la disolución de las condiciones subjetivas y objetivas de la fidelidad. Induje a mi legítima esposa a que se colocara a la defensiva ante la ola de obscenidad que nos invadía y le avisé de que los científico-técnicos, incluso los más revolucionarios, lo hacían todo para ratificar la necesidad de la revolución científico-técnica, y sus adulterios sólo eran muescas compulsivas para demostrar el hundimiento de la moral estrictamente productiva y reproductiva que había propiciado la interacción dialéctica entre el capitalismo y el comunismo premoderno. Traté de explicárselo en más de una ocasión, incluso la pasé una bibliografía bastante completa, y aunque consideró excesivamente abstractos mis razonamientos, creo que, en líneas generales, muy generales, me hizo caso, y si cometió adulterio lo hizo en proporciones cuantitativas aceptables pero cualitativamente lamentables. Aunque en cierta ocasión, tras una discusión sobre el itinerario más adecuado para llegar a un cine, conducía ella, me confesó que si alguna vez se sentía tentada al adulterio, la única motivación de sus infidelidades sería que se las pidiera el cuerpo y la posibilidad de encontrar amantes que no fueran hijos únicos de padres tan horrorosos como los míos y que hubieran arreglado averías en las mejores mansiones de Boston. «Lo tomas o lo dejas.» Lo tomé como hipótesis de partida, porque se hacía tarde para llegar al cine y desde la seguridad que me daba mi complejo de excelencia de estrangulador que se había hecho a sí mismo. En el fondo aquellos prepotentes mamarrachos, aquellos atletas revolucionarios y sexuales de la electricidad y la fontanería, tenían mucha tierra en La Habana y en Vietnam y se valían de las audacias que les permitía pertenecer generalmente a clases acomodadas para poner en marcha la ética y las estadísticas de la infidelidad, sin saber lo que era la cinta aislante ni una llave inglesa como yo estaba obligado a saber. En el fondo eran fontaneros y electricistas de Escuela Técnica, de salón, carne de sociólogo que a la larga prestaron a la sociología postmoderna el argumento de la inexistencia de la clase obrera, de la necesidad del trabajo manual, de la división misma del trabajo. Al ser la sociología una pseudociencia frívola, es lógico que se aplique como miel sobre hojuelas a los más frívolos entre los científicos-técnicos, pero aún es peor la camada de sociólogos actual, postmoderna, que sólo sirve para prometer futuros imperfectos y cantar conquistas humanas menores, como la olla a presión, el lavaplatos y el preservativo, que han asumido como una coartada de su impotente plena madurez, cuando en su juventud fueron lascivos científicos sociales incontinentes, dispuestos a dar alas a los electricistas y fontaneros más concupiscentes de Boston. No quiero ser más explícito, para no poner en aviso sobre mis futuros estrangulamientos, pero he de hacer constar que mi odio a estos farsantes, vengan de donde vengan y vayan a donde vayan, se debe a la comprobación de que son los únicos supuestos científicos que no saben que no saben casi nada. Es un odio nutrido de saber y no de rencor, aunque también al principio del final de mi adolescencia me molestaba el tiempo y la verbalidad que aquellos cínicos podían dedicar al adulterio, aquella aristocracia con los blasones rojos, siempre muy revolucionaria, siempre entre dos revoluciones aplazadas de las que se habían salvado porque la Historia lo había querido y de las que saldrían, como buenos pijos, con la impresión de que la Historia no merecía el sacrificio de su desclasamiento. Hijos de familias anticomunistas, se hicieron hipercomunistas como una forma de ser anticomunistas de super izquierda. Son el actual poder y no se han apoderado de él, sino que han sido poseídos por el poder, como el pobre Clinton, un advenedizo pseudorrevolucionario de origen modesto que recriminaba el que yo arreglara averías del espíritu cultural de la burguesía bostoniana, y vedlo ahora, cuando para conservar el poder será capaz de amenazar a los somalíes con retirarles los bocadillos o de bombardear a los iraquíes cada vez que baje su índice de popularidad y los escalones inferiores de corresponsabilidad están llenos de pijos ex revolucionarios dispuestos a matar a quien sea valiéndose de la violencia delegada del estado o del Orden Internacional.

Con los años superé prejuicios posesivos y prevenciones estéticas y casi me molestó que mi esposa legítima entrara en una fase de fidelidad activa, desde la molesta, y más humillante todavía, declaración de principios de que no hay seguridad como la que ofrece el propio esposo si reúne características de animal doméstico o de perchero distinguido y distinguidor. De todos los electricistas titulados sospechosos de haberme arreglado averías inexistentes, los más tragicómicos eran los que utilizaban el morbo de su pertenencia a cualquier sector o nivel de la lucha armada contra el sistema para excitar el flujo vaginal de sus parejas, y entre toda aquella fauna el más cursi era un exiliado brasileño, que aseguraba haberse salvado por los pelos del Escuadrón de la Muerte y que sólo cantaba sambas sociológicas a la orilla de la oreja de las mujeres de los «otros».

Democracia
Palavra que nos traz felicidade

> *Pois lutaremos*
> *para honrar a nossa liberdade*
> *Brasil ¡oh meu Brasil!*
> *Unidas nações aliadas*
> *Para o fronte eu vou coração*
> *Abaixo o Eixo*
> *Eles amolecem o queixo*
> *A vitoria està em nossa mão*

Pero hubo noche de San Juan... y un calor brasileño y yo mismo algo más oscuro, casi mulato, ¿o era la penumbra y las reverberaciones de las hogueras y las estelas de los cohetes más allá de la azotea mediterránea en la que hacíamos el amor como figurantes de un sueño bueno de De Chirico? ¿La pasé contigo, Alma? No. La noche de San Juan, no puede ser otra, la pasé con aquella puta que me llamaba «corazón», que me falsificaba el bolero de mis sensaciones, mientras mi cuerpo fingía el fox trot del coito y ella gritaba tonterías de manual de puta barata y algo gordita. Pero ¿por qué me contradigo? ¿Qué necesidad tengo de contradecirme? Si tengo dos cajas de herramientas ¿por qué no puedo tener dos noches de San Juan?

Sólo en el caso de Alma mi deseo estuvo por encima de los obstáculos de imperfecciones como los redondeles de sudor bajo sus sobacos. Otras mujeres me han provocado impotencia por fechorías similares y mal final tuvo más de una, como aquella profesora de Epistemología que tenía una poderosa verruga en la espalda y como yo la descubriera al acariciarle el lomo, mi pene se hizo verruga llena de odio y de ensimismado rencor. En cuanto a la putilla iniciática era una colección completa de verrugas, es decir, de obstáculos para la participación de mis sentidos. Había ironía en su mirada, una ironía cutre, nutrida de subcultura, de subcultura de puta de bajo precio: cuatro tangos y todas las películas de Gregory Peck, porque nadie levanta la ceja como Gregory Peck, cuando está de acuerdo, cuando no está de acuerdo, pero sobre todo cuando está perplejo. Y ella levantaba también la ceja en busca de un ángulo peckiano, un ángulo más en su desnudo donde los dos senos y el pubis tenían vértice... En cambio los culos y la cara y los hombros buscaban una redondez imperfecta, algo vencida la carne por tanto bocadillo de anchoas, por tanta caña de cerveza, por tanto carajillo de anís del Mono y ponme una tapita de callos José Luis, pero que tengan algo de chorizo y jamón y morcilla y lo que han de tener unos callos..., esos callos que más tarde o más temprano ensucian el espíritu y llevan al metabolismo a cantar «reloj no marques las horas porque voy a envejecer...». «A enloquecer.» «A envejecer.» «A enloquecer...» Le daba lo mismo a la muy puta e insistía con lo de envejecer para que me diera cuenta de que era muy capaz de enmendarle la letra al mismísimo Lucho Gatica y quiere que me entere de que estoy inutilizando su tiempo y probablemente el mío. Y la volví a mirar comprobándola palmo a palmo y en su conjunto. Era una mujer desnuda bajo una luz económica, en una habitación con muebles de aluvión barnizados con *bouquet* grasiento contra las más rancias carcomas de la ciudad... y sábanas limpias, eso sí, aunque me huelen todavía en el recuerdo a una compleja arqueología de sudores y colonias que no me pertenecen. Mientras la ciudad fingía la fiesta de los fuegos de artificio, esa ciudad entre el mármol y el adobe...

Hay viajeros que regresan a sus barrios
para matar recuerdos y recobrar la vida
pero imposibles
los cuatro horizontes de los rostros conocidos
inducen a la trampa de los ruidos y las voces
                              submarinas
en una cinta mal grabada que conduce
a la morbosa totalidad del silencio
                      cállate
muchacha dorada en perpetua puesta de sol
anaranjados tus pechos lamidos por el atardecer
apuntan a las ventanas inciertas
                      donde agonizan mirones
asidos al timón de su propio deseo
anclados en el sillón relax del ¿cómo tan tarde?
sin duda la vida ha muerto para ellos
entre estos cuatro horizontes de ladrillos.

¿Por qué, en el recuerdo, escenifico el crimen como si yo fuera un decorador de una ciudad pasado perfecto, fascinado por el Art Déco como poética objetual del asesinato?

12

El viejo Dotras estaba tan agradecido por mis peregrinaciones de ex alumno que me abrió las puertas de sus secretas aficiones, demasiado caras, añadió a continuación, para la modesta pensión de un profesor jubilado. Dotras era un enamorado del Art Déco, enamorado platónico porque a lo largo de toda su vida de miserable profesor de alumnos casi miserables, sólo había conseguido comprarse una silla de Louis Sue, eso creía él, y robar un vaso de vidrio incoloro de Marinot, confiscado durante una de sus razzias de anarquista por las mansiones abandonadas por la burguesía bostoniana fugitiva de una indeterminada guerra de secesión o de anexión, da lo mismo. Me enseñaba aquellos dos tesoros como primer plano de una poblada biblioteca sobre Art Déco, cínico contraste con la cultura de cartapacio, enciclopedia general básica, países y mares y libros de Historia Sagrada que nos había trasmitido. Como había callado su pasado de luchador jeffersoniano romántico por causas aplazadas, creo que para siempre, para no tener problemas, confesaba tardíamente y para no creárnoslos a nosotros, aunque yo deduje que no nos había considerado suficientes para recibir su herencia ética. Comprendí que cuando me abofeteaba con su mano de piedra expulsaba del cuerpo el odio por su exilio político y estético de un paraíso Déco, al que sólo tendría acceso entre las páginas de los libros, como esos prisioneros que sólo acceden a la naturaleza mediante los pétalos secos de las rosas agazapadas entre páginas. Dotras estudiaba todas las posibles combinaciones de viajes al alcance de la tercera edad, cuando la biología fue reconocida como tal tras la muerte del Dictador de Boston, evidente prueba de que la democracia tiene el don de reconocer obviedades como la vejez y someter en cambio cualquier evidencia y necesidad al cálculo de probabilidades de consumo electoral. Viajes que le acercaran a las mecas de peregrinación Art Déco que estuvieran a su alcance, aunque fueran de difícil acceso para su pregonada débil economía, como los paraísos Déco de Nueva York, Chicago, Río de Janeiro u otras capitales de América que fueran más o menos ricas en los años del Déco. Pero había renunciado para siempre llegar a la villa Asty de Viena, a la Favre-Jacôt de Locarno, obra del joven Le Corbusier, al Teatro de los Campos Elíseos o a la casa Feingals de Colonia, y se vengaba desacreditando la Viena de Otto Wagner y Klimt por... «demasiado obvia». Me sometía a divagaciones sobre si podía hablarse de Brancusi o Archipenko propiamente como escultores Art Déco, discusión que sería absurda en el caso de Bourdelle en Francia o algunos aspectos de Gargallo en España. «Los desnudos Art Déco no tienen sexo, porque hasta la anatomía más agresiva para la imaginación sólo persiste como la apariencia del adorno.» No recuerdo si este pensamiento era de él o lo plagió el profesor de algún pensador Art Déco como Ortega y Gasset, creador de la filosofía del aliño y del adorno. Pensé que iba a pegarme con su mano de piedra el día en que le llevé la contraria, mejor dicho, en que le expresé mi propia interpretación sobre la relación entre Klimt y el Déco. Si no tenían sexo los desnudos de Klimt ¿qué tenían? ¿Era propiamente Klimt un déco? Por él pasa lo más sugerente de la pintura formal en el viaje de ida y vuelta de los prerrafaelitas hasta el expresionismo en correlato op-art. Y en él está incluso el op-art como despiadado correlato geométrico, perceptible en el turbador cuadro *El beso* y siempre esa carnalidad obscena que le estalla en *Danae*, ese seno izquierdo de Danae, un planeta de mármol caliente, Danae amada por Zeus transformado en lluvia de oro, pero ensimismada, la sexualidad femenina autosuficiente tal como exaltaba y angustiaba a Klimt, especialmente provocador en este cuadro dedicado «... a mis críticos...». La Danae de Klimt, un icono del narcisismo femenino tal como sólo lo puede concebir la imaginación masculina. Esos rostros de penco que tienen los personajes femeninos de Klimt son fruto de sus propios deseos. «El deseo lo es todo.» Mediante *El beso*, Klimt trata de proponer la pareja universal, cosmogónica, ligada a la naturaleza, pero hay una falsa igualdad comunicativa en toda relación hombre-mujer en Klimt. Ellos suelen ocultar su mismidad en las carnes de ellas y es la mirada de las sirenas la que capta el espectador como propuesta, aunque sea aparentemente una sirena enamorada. Las mujeres, cuando dejan de ser adolescentes, siempre pueden mirar por encima del hombro del animal que cree poseerlas. Cuanto yo le dijera en este sentido a Dotras era predicar en el peor de los desiertos, el de Kalahari, y en cuanto a supuesto decorativismo de los panes de oro ¿tan unidimensional y meramente coleccionista era la mirada de

Dotras que no veía en el oro el referente simbólico de la magia y otros cultos religiosos? Antes de ser metal de cambio, el oro era un mito y fue el más precioso metal porque era el más precioso mito, ni se oxida, ni se mancha... «es el único metal que se convierte en algodón sin dejar de ser hierro...», decía un proverbio africano..., zócalo del saber, trono de la sabiduría, caballero de la fortuna... ¿no pintó Klimt un caballero de oro que era aún más inquietante que el caballero de Durero, metal imantado hacia la muerte? Jung recoge la bella parábola del alquimista Majer, en *De circulo physico cuadrato*, en la que el oro es el resultado del trabajo del sol hilándolo, vuelta tras vuelta alrededor de la Tierra. Luego Copérnico y Galileo malbarataron la parábola y Dotras malbarataba siempre que podía el falso decorativismo de los correlatos bizantinos de Klimt. «¡Tapetes! ¡Tapetes de *patchwork*! ¡Todos los cuadros de Klimt servirían para hacer tapetes y cubrecamas!», opinaba despectivo Dotras, y me enseñaba una malísima reproducción de *Expectación*. «¡Un tapete de *patchwork* para consolitas! ¡Los he visto a cientos en las casas de decoración!» No captaba el papel que la geometría *op* alcanzaba en las composiciones de Klimt, anulando cualquier posibilidad de compasión por Danae en su placenta, que es ella misma. Danae, la mujer placenta, con el poderoso muslo cerrando el paso a la puerta que va a la ciudad doliente del Dante. El infierno. El coño.

El siguiente espectador del desnudo de Alma fue su marido. Un pretendiente de confianza de la familia, de la razón social *Cantijoch Familia. Frutos Secos*, fortunón de barrio basado en riquezas de postguerra conseguidas con la venta de cualquier cosa momificada y comestible, muy preferentemente las algarrobas, manjar de los caballos percherones de tiro y del proletariado que cercaba las tiendas de Frutos Secos allí donde se dieran. El hijo de los Cantijoch había sido compañero mío en la clase del profesor Dotras, aunque nunca nos habíamos relacionado, desde su complejo de excelencia porque podía comer todas las nueces que quisiera... y cuando quisiera. *Da nuces pueris*, recomendaba Catulo... *da nuces pueris, iners concubine: satis diu lusisti nucibus: lubet iam seruire Talasio. Concubine, nuces da...* Da nueces a los niños... demasiado tiempo las tuviste, favorito holgazán... da nueces a los niños... Cantijoch era cojito y se movía entre sacos columnares con cadencias de cojo y la elegancia en su brazo prolongado por una paleta de zinc, ora llena de pepitas de girasol, ora de cacahuetes, altramuces, chufas, avellanas, garbanzos secos y granos de maíz cual dentaduras de oro desguazadas de cadáveres de campesinos judíos exterminados por los peores nazis urbanos. Especialmente asquerosas las chufas en su estado seco, verrugas deshidratadas que gracias al agua apenas si alcanzarán la dignidad de tumores pequeños y humedecidos clítoris de vieja, barbuda o larvas de los insectos más repugnantes. No era difícil de casar el cojo porque la familia aunque numerosa era acomodada, propietaria de terrenos en los cuatro puntos cardinales de la ciudad y de su pueblo de origen por lo que podía decirse que, en coordenadas locales, en sus dominios no se ponía el sol. Por otra parte el cojo parecía sano, siempre estaba moreno, pero no dorado y bien alimentado como todos los hijos de tenderos relacionados con el ramo de la alimentación, y era notoria su afición a las mujeres, así con las clientas como con las putas de la inmediata ciudad maldita. Era pues un hombre curtido en mil burdeles y sin embargo en la noche de bodas se quedó traspuesto, como si le faltara el aire al recibir en el esternón la vibración de la lejana libertad del pecho liberado del *deshabillé*. Luego jugueteó toda la madrugada con el izquierdo, pero no se atrevió a tocar el derecho hasta tres semanas después y le pareció montar un animal autónomo, con una oculta bravía que subía al exterior en forma de músculo total inasequible a la doma. El seno se escapaba como si fuera de una materia inabordable, y a cada fracaso permanecía erguido y retador, a la espera del próximo intento de monta. A lo largo de los siguientes veinticinco años de matrimonio, no reparó en contar las veces que se había atrevido a tocarlo, ya que si bien fueron algunas, no las suficientes como para establecer rutina y cada vez que se atrevía a hacerlo, le parecía ser la primera, tanto a él como al seno. En esos veinticinco años, Alma tuvo tres hijos que desde los pocos años de vida supieron, bien por revelación indirecta, bien por intuición, que su madre no era como las demás y que en su cuerpo residía una maravilla que ni siquiera ellos habían catado sin usura. Fue advertencia expresa del longevo endocrinólogo que en la necesidad de dar de mamar con los dos pechos, Alma tuviera especial cuidado en emplear fundamentalmente el izquierdo, forzando el derecho a un desuso que le disuadiera la producción de leche. ¿Qué sabían los más directamente implicados en su vida que el seno derecho simboliza el sol y el izquierdo la luna, es decir, el seno derecho es masculino y el izquierdo femenino? Si bien es cierto que en su capacidad productora de leche nutritiva contiene mensajes de fecundidad, intimidad, ofrenda, don y refugio, en algunos casos se admiten excepciones desde la contradicción simbólica congénita de que como copa invertida, el seno contiene y derrama, vierte vida y ofrece la patria de la muerte —el seno de Abraham— falsificada como promesa consoladora de renacimiento: «En mi fin está mi principio».

13

Los pechos de mi prostituta iniciática habían criado, pero el estrangulador adolescente lo dedujo *a posteriori*, cuando fueron varios los senos que pasaron ante su consideración. Y aquellos senos me ofrecían la falsificación patriótica de una madre de alquiler, una madre impúdica, incestuosa, sucia, que pregunta mi nombre como si no lo supiera o como si no le importara, al tiempo que me acercaba su sinuosa geometría. Yo le advertí: «Los psiquiatras han descubierto que soy un tímido secundario hasta el extremo de que no me digo ni no ni sí a mí mismo... Pero te diré mi nombre. El estrangulador de Boston. Boston para los amigos». Ven aquí, Boston, y déjame que te coja el bostoncito, me dijo, y su mano callosa de coladas y masturbaciones de falos de clientes de piedra, jamás de bronce, me buscó dentro de la bragueta el corazón de aquel encuentro, mientras sus labios musitaban: «Estrangúlame, vida».

Los hay suicidas y aunque ella no me nota la sonrisa, la tengo puesta por dentro, en lucha contra una indignación moral progresiva que convertía mi fracaso en su fracaso. No reconocía en ella los ojos limpios aunque siempre de soslayo de Alma, ni los sucios de aquella adolescente con la que compartí la caja loca de un parque de atracciones, caja cilíndrica que giraba sobre sí misma y revolvía los cuerpos en busca de una combinación imposible de contactos furtivos. Aunque la palma de mi mano presentía de vez en cuando los senos nacientes, anchos y previos de la adolescente, lo que en mi cerebro recibía era aquella mirada sucia de presunta violada a la defensiva, protegida por la convencionalidad de un juego de Casa de la Risa, consciente de que nos excitábamos para nada o para la posterior sincera mediocridad de los placeres solitarios, más tarde, cada cual en su cama, frente a techos parecidos de viejos pisos situados en las ingles de la ciudad. Ojos sucios, agrios, dulces por azúcares baratos que habrán crecido, envejecido y se habrán enfrentado a un marido poco sensible ante tan excitante pieza, porque es preciso saber adjetivar, y las adolescentes de los años cincuenta mutadas en la ciudad pobre nunca se casaron con maridos sabios en adjetivaciones. Conocida es la precariedad literaria convencional de las clases populares que les impide adjetivar tanto con propiedad como con voluntad de pluralizar los significados, según entienden adjetivar y pluralizar los significados los sacerdotes de las sociedades literarias convencionales.*

* *Nota del estrangulador*: Polisemia lo llaman los críticos cultos, según observo en las revistas literarias que me autoriza el maestro de la cárcel, de las que entresaco los nombres de algunos críticos pedantes y el de una tal Norma Cateli a su cabeza, a la que pienso estrangular en cuanto se me conceda un permiso de salida por buen comportamiento. Normalmente son muchos los que llegan a la *disemia*, pero la polisemia está reservada a los auténticos magos de la palabra, generalmente de la palabra poética que es a la vez versátil y precisa, precisa en primer término y versátil si alcanza la polivalencia de la polisemia. Yo soy poeta. Tengo un poema sobre una ciudad imaginaria, la ciudad, que ha sido muy interpretado por los brujos del espíritu que me rodean y lo puedo aportar cuando quiera como prueba de mis logros polisémicos.

He hecho muchas pesquisas para recuperar la persona de aquella casi niña a la que tan descaradamente magreé en la jaula rodante de La Casa de la Risa. Inútilmente. Pero su más probable marido sólo podía ser una variante de *Cantijoch. Frutos Secos*, a lo pobre. Las muchachas que solían ir a La Casa de la Risa rara vez conseguían salir de los límites de aquel barrio de inmigrantes, y Boston conserva murallas de clase, interiores, disuasorias calles, disuasorias fachadas para que los barriobajeros pretendan huir de sus reservas indígenas. Incluso las pequeñas aristocracias autoengañadas dentro de esos barrios no resisten la prueba del exilio y eso le ocurrió a Cantijoch, el marido de Alma, cuando se atrevió a salir del barrio para asistir a una asamblea de tenderos en los primeros meses de la democracia, a la que yo acudí como fontanero especializado en cisternas de retretes, al cuidado de una sofisticada instalación en peligro por lo mucho que se mea en este tipo de reuniones. Cierto es que, una vez por semana, generalmente los sábados por la noche, los señores Cantijoch, es decir, Alma y su cojo, «salían», trisemia que implica salir de casa, del barrio y acudir a espectáculos por ellos considerados selectos: cena fría o caliente y show musical y baile, único despropósito para el cojo. Esta vez Cantijoch había salido de sus murallas para representar el ramo de los frutos secos, pero apenas si conocía a los mayoristas importantes, en seguida me di cuenta y no se atrevió a pedir la palabra porque los cojos, a diferencia de los ciegos, nunca se atreven a hablar en público. Disuelta la reunión tras sentar los principios irrenunciables de los que se ganaban la vida a costa de los frutos secos, temerosos de una desleal competencia instalada por el

Orden Económico Internacional, seguí a Cantijoch hasta hacerme el encontradizo y sorprenderme porque no me reconocía. No hay contradicción, por más que lo pretendan mis carceleros, en el doble hecho de que yo afirme haber sido siempre apolítico y sólo haber frecuentado reuniones como la descrita por razones profesionales o de pulsión estranguladora y mi insistencia en demostrar que yo asesiné al secretario general del Partido Comunista de Boston, no por ser estrictamente anticomunista, o en cualquier caso siempre he sido menos anticomunista que muchos comunistas, especialmente los soviéticos, sino para liberar al partido de la dictadura del padre patrón, intelectual usurpador de la capacidad de pensar del intelectual orgánico colectivo.*

A Cantijoch le obligué a aceptar una serie de falsas coincidencias y complicidades en el pasado, sin recurrir a la mención de Alma y sólo una cierta: habíamos sido compañeros de clase, en la clase del señor Dotras, al que la familia sobornaba para que no les abofeteara al cojo y además cantara sus improbadas excelencias de alumno clarividente. Los sobornos consistían en bandejas de frutos secos surtidos, sobre todo nueces, cubiertas por crujiente papel de celofán enriquecido por la historiada etiqueta *Cantijoch Familia. Frutos Secos*, dorada por generosas purpurinas que parecían de oro de California. Él no me recordaba como compañero de clase, pero yo a él sí, su insufrible prepotencia cuando se vanagloriaba

---

* *Nota del Estrangulador*: Si se quiere ampliar el concepto de Intelectual Orgánico Colectivo, acudir a diferentes referencias en los textos de Antonio Gramsci, pero leer con especial cuidado las páginas que dedica a una reinterpretación de *Il Principe* de Maquiavelo.

de comer cocido todos los días en aquellos años en los que se comía o poco o mediocremente... —¿o era *roast beef*?—... y de recibir un tanto para sus gastos todas las semanas. El señor Dotras lo ponía como ejemplo de trabajador y estudiante, porque en sus horas libres despachaba en el negocio de sus padres, sin descuidar la lista de reyes de Boston o de los afluentes de todos los ríos próximos y lejanos. El señor Dotras no hacía más que secundar rastreramente la cultura del autobombo de los tenderos ricos a los que siempre les sale bien todo y muy especialmente los hijos, privilegiados genéticos en el contexto de barrios populares en los que todos teníamos siervos de la gleba un par de generaciones atrás. Cuando yo iba a la compra a *Cantijoch Familia. Frutos Secos*, soportaba los discursos de la madre del cojo mientras despachaba y no se quitaba las hazañas de sus hijos de la boca, avalada por el escaso recurso de haber preguntado ella primera por la situación de un vástago de cualquier clienta. Siempre caían en la trampa y la señora Cantijoch mientras estudiaba con ojos de ladrona la posibilidad de restarte un gramo de frutos secos, dejaba su lengua suelta para cantar la plurivalencia de sus hijos, incluido el cojo, que lo hacían todo tan bien, tan bien... incluso el cojear. Nadie cojeaba como su hijo. Mi madre intentaba cortarla de vez en cuando para elogiarme un poco, sobre todo mi sonrisa rubia y pálida, pero era inútil, no podía con la señora Cantijoch, que estaba mucho mejor alimentada. El hijo era digno de su madre, así que elogié su profética plurivalencia, aumenté su estatura de niño insoportable y cayó en la trampa: se enterneció recordándose, el muy hijo de puta. Casi se le saltaban las lágrimas imaginándose y rememorando al señor Dotras del que lo ignoraba casi todo en la actualidad. «¿Recuerdas cuando te puso un diez por tu ponencia sobre la *Teoría del lenguaje en Wittgenstein*?» No se reconocía en ese menester, pero casi le convencí de que a los diez u once años había dicho con toda claridad que estaba de acuerdo con el principio: «No preguntes por el significado, pregunta por el uso», evidentemente wittgensteniano, del segundo Wittgenstein, para ser más exactos. Para ser más exactos, corroboró Cantijoch, como un eco.

14

Mi recuperación de Dotras fue ligeramente posterior a la de Cantijoch y así como el farsante tendero se dejó colgar medallas que nadie le había dado, el profesor me desveló que sabía cosas que nunca me había contado y usaba palabras que nunca creyó que pudiera merecer. El lenguaje del profesor me hería, por todo lo que tenía de inversión con respecto al idioma precario que me había dedicado en la etapa de formación de mi esponja lingüística. Si los niños recibieran miles y miles de palabras las absorberían en las células vacías de su memoria esponja, y en cambio los adultos miserables reducen el lenguaje que les dedican, desde la impotencia o desde el racismo con el que suelen tratar a la infancia. Yo a mis hijos les recité los poemas más ricos en vocabulario desde ese umbral diferencial que separa el estado de enano simiesco al de animal prelógico. Ello no empece que despeñara a mis hijos por un acantilado espléndido, de las mejores costas de Nueva Inglaterra —hasta el punto de salir en un poema de Eliot— cuando advertí que se cernía sobre ellos la pubertad, pero en tan malas condiciones anímicas que no conseguí recordar el lugar exacto —¿East Coker? ¿Cape Ann? ¿Las Dry Salvages?— ni mucho menos el día, ante los interrogatorios malévolos de psiquiatras, jueces y policías que desconfían de la autenticidad de mis crímenes. Pero si de algo me siento orgulloso es de haber vencido al tabú más profundo que insinúa «no matarás ni a tus padres ni a tus hijos» y curiosamente nada dice sobre la mujer propia, aunque leguleyos y periodistas apliquen impropiamente el término parricidio al asesinato de la esposa. Yo a mis hijos les despeñé por un acantilado, como un trabajo más del Hércules que llevo dentro y aprovechando esa tendencia a la estúpida felicidad entregada que tienen los niños que confían en sus padres, dispuestos incluso a que el padre Abraham les inculque que son avioncitos al borde de un acantilado... ¡brumm!

¡Brummm!... ¡brummm!... ¡brumm!... ¡Aeeeeooooouuuueeeaeeeo!... un acantilado del que huirían hasta los ciegos. Y cuando veía sus caritas pasar del éxtasis a la sospecha de que yo no estaría al final de su caída para salvarles, no era remordimiento lo que sentía, sino agradecimiento porque gracias a mis hijos yo había superado esa malsana compasión que los padres elaboran tan mecánica como culturalmente, como elaboran la miel las abejas, para no confesarse a sí mismos que la única posibilidad de resurrección ilusoria pasa por la muerte del hijo, frente a las interesadas tesis de la cultura religiosa productivista que tratan de venderte la procreación como si fuera la perpetuación y si fracasa en ese empeño mesiánico, te somete a la cultura de la compasión por «los débiles», frente a la evidencia de que en toda relación, incluida la establecida entre padres e hijos, hay relaciones de fuerza geométricas.

La perfección de aquel triple impulso —mi mujer se empeñó en que tuviéramos tres, aunque yo siempre sospeché que, estadísticamente, uno de los tres era hijo de algún atleta científico-técnico o más crudamente revolucionario— se basó en la limpieza de la relación entre situación, decisión y gesto. No. No fue impulsivo. Si yo hubiera matado, aunque fuera mucho, como consecuencia de un impulso o de una causa homologada, nadie lo habría puesto en duda, pero lo que ellos llaman crimen, cuando se comete con voluntad catártica, purificadora de la obscena otredad que se empeña en negarnos, no lo entienden y por lo tanto lo ignoran. Más todavía estos profesionales modernos de la represión —policías, psiquiatras, jueces, jóvenes filósofos, sociólogos, revendedores de marketing— tan alejados del enciclopedismo, el existencialismo y el historicismo, mis tres puntos de referencia filosóficos. Sólo entienden los hechos inmediatamente motivados, tanto hacia el pasado o el inmediato futuro, y consideran que todo ser humano tiene su pastilla y su precio en el mercado. Me ofenden y me humillan los sectarios del conocimiento que tratan de poseerme gracias a él y empiezan por excluirme. Como el viejo profesor me ofendía cuando me exhibía sus territorios del saber sofisticado y yo recordaba la lista de reyes que me había metido en el cerebro con su mano de piedra o la historia de Ruth y Noemí o el principio de Arquímedes. Ni siquiera supo enseñarnos el principio de Arquímedes emparentado con el sentido histórico de la mecánica helenística, eslabón perdido hasta el Renacimiento del hombre capaz de saberes totales. Por cierto que Arquímedes fue asesinado por un soldado romano que no sabía nada de Arquímedes, ni tenía la menor idea de su famoso principio, origen de la hidrostática. La obra de Arquímedes fue una misteriosa Atlántida sumergida hasta el siglo XVI, reeditada su obra el mismo año de la aparición de *Revolutionibus* de Copérnico y *Fabrica* de Vesalio. El soldado romano hizo santamente matándole porque Arquímedes había puesto su saber al servicio de Hieron II, tirano de Siracusa, y los romanos fueron unos espléndidos estranguladores, como luego lo serían los imperialistas españoles, británicos, franceses, norteamericanos..., estranguladores casi perfectos. Quizá los más torpemente brutales los españoles, porque los estranguladores imperiales británicos, franceses y norteamericanos estrangularon bajo toda clase de coartadas liberales y emancipadoras. Ya ni me molesto en considerar estranguladores a los imperialistas nazis y stalinistas, porque tenían síndrome de malos de película, incluso de película hecha con toda clase de bajos presupuestos. Los romanos fueron los estranguladores más completos. Representaban la barbarie fecundadora que se expresa a través del genocidio.

Saberes, pues, que he tenido que revisar y replantear esencialmente, saberes que no me han servido para nada y que ni siquiera a él le habían servido para poder viajar sin el recurso de los autocares de jubilados, circunstancia de lugar que yo convertí en instrumental porque soy un artista y asumo la consideración de que el crimen es una de las bellas artes y al mismo tiempo suma de todas, triunfo del *laocoontismo* o integración de las artes: imagen, sonido, grito, movimiento y sobre todo vida, paradójicamente, el crimen es vida. Ni siquiera Lessing, el teórico del *laocoontismo*, se atrevió a ir más allá de la propuesta de una integración de las artes convencionales, a partir de la observación del grupo helenístico: *Laocoonte y sus hijos*. Todos los lenguajes prestigiados en su tiempo le interesan, pero no se plantea el metalenguaje del crimen.

Yo, mientras lanzaba a mis hijos a volar... a volar... a volar... pensaba en la espléndida composición que conseguíamos, por encima de los más perfectos artificios de los lenguajes. Lo que un creador postmoderno y postconceptual hubiera llamado, con lenguaje de fontanero, por cierto, *Una instalación*.

De hecho un crimen artístico tiene algo de la ambición wagneriana de conseguir la síntesis de las artes soñada por Lessing, pero hay que tener mucho cuidado con los excesos lingüísticos, porque el barroquismo acaba siendo un lenguaje tan intermediario y a la vez ensimismado que no conduce a sentido alguno. El Fantasma de la Ópera mataba según la desmesura semántica de los elementos a su alcance: un gran teatro y un gran alcantarillado, el cielo y el infierno, la realidad y su subsuelo. Y además tenía en el rostro la causa de su excepcional conducta: una horrible herida de las que tanto gustan a los científicos del espíritu para suponer el origen de sus enfermedades concretas. Así cualquiera. Yo siempre he ido con la cara por delante, buena o mala, y nunca he recurrido a capuchas, medias de nailon, maquillajes u otras chapuzas de estrangulador mediocre. Jack el Destripador fue un asesino que gracias al misterio de su identidad y al arte de sus incisiones y desguaces anatómicos, convirtió la pobre materia prima de las prostitutas de Londres en animales sagrados y sacrificados en las aras de la casi genialidad. Casi, porque le sobraba el moralismo ¿o acaso no era moralismo victoriano enfermizo cebarse precisamente con las prostitutas y no haber utilizado el mismo bisturí para desollar a la repugnante reina Victoria o a sus mediocres hijos y nietos que pusieron perdido el futuro dinástico del Reino Unido?

15

Volvamos a esa situación en que la ex contorsionista enamorada más de su frigorífico tartamudo —¿se llamaba Asdrúbal?— que de la memoria de aquel marido «que besaba por donde ella pisaba», me ha atraído a su lecho y se ha puesto desnuda y nostálgica. Quise consolarla y lo conseguí. Le pasé la mano por el lomo y luego por las carnitas que iban abandonando sus tenues prendas. Primero quedó al descubierto un muslito de pavo bien desplumado y al darse ella la vuelta para agradecer mi gesto de solidaridad de apresarle el coño como si se tratara de una araña, le salió del escote un pechito de flan sintético. Tenía el cuerpo perfecto para hacer el amor de pie, ensartada a mi hijo predilecto, adherida a mi cuerpo tronco con la enredadera de su musculatura de contorsionista, especialmente en aquellas piernecillas que eran como tenazas móviles sobre mis caderas. Jodimos en esta posición y puedo asegurar que jamás he vivido con tanta comodidad acoplamiento teóricamente tan incómodo. No era una mujer. Era un húmedo reptil cariñoso y como un reptil me aprisionó con sus anillos hasta hacerme caer sobre la cama donde me traspasó su flujo y su vida, una miseria de vida de ex contorsionista retirada por una osteopatía de pubis mal tratada, obligada a trabajar como taquimeca para un marido patrón especialista en tablas *input-output*, tacaño y violador, que la llevaba a veranear ante las puertas del frigorífico, que la obligaba a comer precongelados de dudoso tratamiento industrial y entre otras desviaciones tenía la de hacerle guardar la ropa interior en la zona más fría del *frigidaire*, la normalmente dedicada al pescado, y la de pasarle cubitos de hielo por los pezones y el coño e introducírselos en la vagina. Pero lo que a mí me parecía descripción de sordideces, ella me lo contaba como nostalgia y gesta de un hombre con imaginación que le sacaba un partido excepcional al frigorífico que siempre había soñado poseer cuando era un niño pobre en la Selva Negra. «Era un hombre de los que ya no se encuentran», se atrevió a decirme, y fue como una señal para que me fuera en pos de mi caja de herramientas, a por un cable que, dadas las circunstancias y mi oficio, me parecía el útil más adecuado para el crimen. Pero ella estaba lanzada en su carrera de confidencias y me siguió desnudita hasta la cocina, se me colgó del cuello, me lamió los labios y en la promesa de un espectáculo maravilloso que se atrevió a calificar de *Holiday on ice*, abrió la puerta del frigorífico como si corriera un telón, lo vació de estanterías y ante nosotros quedó un nicho blanco, iluminado por esa luz de postrimería que sale de los mejores frigoríficos, de los mejores frigoríficos de Boston. Ella tenía los ojillos de loquita, salivilla en los labios y tiraba de mis manos con sus manitas, excitada por lo que urdía su cerebro y trataba de trasmitirme sin palabras. Se me ocurrió el comentario banal, pero a todas luces lógico en un buen fontanero, de que con el frigorífico abierto se gastaba energía inútilmente, lo desenfriaba y se exponía a estropearlo. Pero ella estaba más allá de todo utilitarismo, y ante mi pasmo se fue retirando de espaldas, despacito, despacito, para ir introduciéndose en el frigorífico y quedar allí sentada en una postura del Kamasutra en la que su sexo era una vulva dilatada, ojo saltón mascarón ofrecido a mi ariete y a la vez centro geométrico de un curioso hexámetro humano, con la cara situada entre dos sobacos y los dedos unidos por las puntas en un cenit ascético contrastado por las luces postrimeras, como si se tratara de la fría consagración de una hostia barroquísima y carnal. Aquel rostro mantenía una sonrisa en éxtasis, progresivamente mortificada por el frío. «Cierra, cierra la puerta y luego, cuando esté bien fresquita, me sacas y me follas.» Así. Tal como suena. Siempre me ha desagradado que las mujeres digan groserías impropias de su sexo, incluso en situaciones normales, cuando, según los especialistas en Teoría de la Comunicación, funciona un canal normalizado de mensajes y de pronto un mensaje inconveniente se cuela en él y funciona como un ruido, retengan la palabra: «un ruido».

Algo parecido ocurrió en mi estrangulamiento de aquella semióloga portuguesa a la que conocí en un encuentro de poetas gallegos y portugueses al que acudí con la supuesta personalidad de agregado cultural catalán en el exilio. En aquella semióloga todo eran ruidos y hasta tarareaba el fado a gritos a las puertas de mi oreja.

Es hora ya de que connote qué entendemos por ruido, Shanon, Wiener, McLuhan y yo:

> ... el ruido se traduce siempre en una cierta forma, un cierto espectro en el que son más frecuentes algunos complementos que otros. Está ligado al grado de

desorden relativo del universo (entropía) en relación al grado de orden impuesto por la señal (entropía negativa), como han demostrado los trabajos de Szilard y de Brioulin. Einstein ha demostrado que la energía global suministrada por el ruido era más grande que la del canal que proporcionaba más ocasiones de manifestarse, puesto que «su banda pasante», es decir, el conjunto de formas aleatorias que podía trasmitir, era más amplio. Además él ha demostrado que si ese ruido estaba fuera de las señales accidentales o intencionales, es decir, superposición accidental de dos mensajes destinados a dos correspondientes diferentes entre sí. Por ejemplo, SI este ruido estaba ligado a la agitación espontánea de átomos o electrones que constituyen el soporte material del canal de comunicación, era normal que el ruido aumentara con la temperatura, cuando más elevada sea la temperatura de los circuitos, más ruido harán. Esta es una de las razones por las que los circuitos electrónicos más sensibles que realiza la tecnología (futuras memorias de los ordenadores, canales emisores de televisión ultrasensibles) son artificialmente puestos a temperaturas extremadamente bajas, lo más próximas posibles a ese límite imaginado por los físicos bajo el nombre de CERO ABSOLUTO.

Aunque la redacción sea maravillosamente polisémica ¡cuántas referencias se encuentran a ese estado del espíritu en el que el crimen se convierte en un Ruido Geométrico, frío, un ruido en situación de cero absoluto! El ruido puede hacerme enloquecer. Lo confieso en estos momentos de voluntad controlada, pero cuando son ellos los que vienen y tratan de «hacerme confesar» que el ruido me hace enloquecer les desoriento explicándoles que el ruido hace posible la comunicación, porque todo es en cuanto tiene un contrario dispuesto a negarlo. Hay ruidos obvios y ruidos que son como agujeros negros de la comunicación, del saber. Yo maté a la ex contorsionista por los ruidos obvios de su frigorífico y de su libidinosa verbalidad, y en cambio maté al profesor multiuso de mi adolescencia para limpiar mi memoria de los ruidos del no saber, de la falsificación del saber. La raza de los buenos estranguladores, de los estranguladores de Boston, se capta cuando a pesar de la mediocridad de las condiciones objetivas y subjetivas y la mala calidad o incluso la ausencia de herramientas adecuadas, el crimen se convierte en una armónica unidad verificable. En un acto de geometría, no de compasión hacia uno mismo o hacia los demás. Es lo que algunos críticos y escritores modernos llaman «la verificación en la postextualidad», la impresión de verdad trasmitida por una propuesta artística se produce una vez aprehendida, nunca antes, y es esa impresión final corresponsable la que da al receptor, incluso al asesinado digno, la dimensión de coautor de la obra, de poseedor de su secreta verdad.

16

Los tres hijos de Alma fueron varones y esta fue la causa de la prudencia informativa sobre el caso. Sólo una hija, una sola, hubiera cambiado las condiciones de relación y dependencia con el secreto. En torno de la mujer convertida en palo de pajar familiar se creó un aura perceptible como si al acercarse a ella se penetrara en un aire menos denso que dificultara la respiración. Consecuencia de este efecto, diríase que mágico, era que siempre caminaba o permanecía a una cierta distancia de los demás, como si fuera una princesa prohibida. Esta presumida condición la protegió tanto de las acechanzas del adulterio, como de la estimación real de las demás mujeres agredidas por su misterioso encanto, acomplejados también los hombres ante lo que presumían o sabían, como si temieran no estar a la altura de la revelación y molestas las mujeres porque a pesar de superar a aquella mujer en el conjunto o por la cantidad de piezas anatómicas de primera calidad, sabían que era inútil la competencia si ella desencadenaba la energía mítica de su pecho derecho. En el diario de Alma quedaba constancia de esa sensación de aislamiento privilegiado, no lastimeramente, sino como conciencia de un don que exigía servidumbre, a la manera con que los reyes convierten en lógica natural lo que no pueden hacer para seguir siendo reyes y eslabones de dinastía, dentro de ese instinto dinástico que siempre ha caracterizado a los mejores reyes y a los que nunca puede llegar la bastardía republicana. En la soledad de su *boudoir*, ella se enfrentaba a su pecho reflejado en el espejo y dialogaba mentalmente con él, mediante un leguaje que no era explícito, es decir, era un lenguaje sin sintaxis, construido de impulsos y rechazos, en el que el seno llevaba la voz cantante y acababa imponiendo su razón íntima y misteriosa. Acaso sea verdad la presunción platónica de que el cuerpo del hombre, y quizás por extensión el de la mujer, es el espejo de la fealdad o de la belleza, de la que derivaría la vulgarización: la cara es el espejo del alma. La imagen de un ser, decía Plotino, está dispuesta a recibir la influencia de su modelo, como un espejo. Cuando Alma se contemplaba en el espejo, su pecho derecho era el espejo de su alma, en un alarde vanguardista en realidad enraizado en la expresión del arte prenaturalista que subraya la intención de la retina moral del autor. El pecho de Alma era una síntesis de expresionismo y cubismo, era cubismo picassiano, tan expresionista como cubista..., era una geometría privilegiada, avanzadilla y retaguardista de una única personalidad. En el conjunto de su cuerpo era un exceso Déco, de ese tipo de excesos que lleva al Déco más allá del espejo Déco, que sólo refleja chucherías del espíritu. Es decir, hubiera podido ser un Klimt si Alma hubiera tenido sentido de la lascivia y la ironía.

Tampoco reconozco en aquella puta mi primera mujer, siquiera mi primer deseo, no. No, mi primera mujer real, concreta, obscenamente desnuda su melena rubia, melosa, vencida, fue la profesora de francés interina que sustituyó a aquel profesor de academia de barrio, maricón y víctima de una gripe asiática. A veces le concedo ser una joven de buena familia entretenida en subalternas clases de francés para poder pagar sus gastos, con un sentido de la independencia o de la emancipación absolutamente precoz para los años cincuenta. O quizá fuera una muchacha venida a menos, de una familia venida a nada como consecuencia de haber perdido nuestra más inmediata guerra civil. O una señorita esnob precursora de la *gauche divine* que descendía a mis barrios como se desciende al infierno por propia voluntad, en busca de la otra cara de las mejores lunas. Tenía las facciones demasiado pequeñas para mis gustos de entonces y unas piernas de señorita de postguerra, aquellas piernas forjadas en un circular por la vida sin pesos y en taxi. Por primera vez había tenido la percepción de lo que era un cabello de lujo, inclinado sobre el cuerpo propicio, como una caricia que no podía superar otro tacto que la mano temblorosa del animal entregado apartaba, más para comprobar su ingravidez que para descubrir el rostro inútil. Vestía siempre de *sport*, lo supe cuando incorporé a mis conocimientos inútiles qué quiere decir para la burguesía «vestir sport», sin duda porque para ella bajar a nuestros barrios bostonianos era como un safari o una expedición de *week end* aventurado y con la misma frivolidad con la que había metido en nuestras vidas sus items de mujer del norte de la ciudad. Nos abandonó sin dar explicaciones, aunque el director del colegio, sabiamente, por una vez en la vida y en la Historia, encontró la explicación justa: «Era demasiado señoritinga. Ni os entendía, ni podía con vosotros».

Cinco años después, en uno de los atardeceres en que

yo atravesé clandestinamente la frontera en busca del Santo Grial de mi primer martini seco, me infiltré en *El Ángel Blanco* que debía su nombre a un combinado infecto ideado por un escritor enano: Truman Capote. Era un local Déco, vanguardista, pues, para mis ojos acostumbrados a la arqueología de los barrios vencidos invisiblemente amurallados. El Déco era el límite de la tolerancia vanguardista del poder, desde la sospecha de que tanto el racionalismo como el organicismo bebían sus fuentes en el marxismo, el judaísmo y la homosexualidad. El cocktail *ángel blanco* consistía en mezclar vodka con ginebra y causó estragos en toda una promoción de letraheridos malditos que nunca llegarían estrictamente a viejos. Como acto iniciático yo cumplí mi propósito de pedir uno de los dos combinados que retenía de mi memoria cinematográfica, el manhattan o el martini y éste pedí, que me supo a desinfectante, pero al trasluz del líquido satinado vi a mi ex profesora de francés disputando acalorada pero en educada sordina con un grandullón, su amante, pensé, y pensé bien. Era una discusión violenta en el contenido pero educada en las formas y he de hacer un elogio, de pasada, de cómo la burguesía de antes, la ya vieja burguesía pija asomada a la primera decadencia, de la que salió fortalecida pero envilecida, había aprendido a conservar las formas copiadas a los aristócratas ilustrados postrenacentistas, pero sin perder la finalidad, el sentido utilitario de todo buen burgués. Si gentes de mi medio hubieran discutido por los mismos motivos que provocaba la pelea entre mi ex profesora y su amante, los gritos y los juramentos rotundos habrían hecho inhabitable el ámbito de *El Ángel Blanco*. El tema central de la pelea era que él le había puesto cuernos a ella utilizando a su propia hermana, menor. La voz de mi ex profesora sólo se estranguló algo cuando sugirió: «A este paso acabarás explicando chistes verdes en las puertas de los colegios de párvulos». Aquel día aprendí a tomar cocktails y a pelearme sin levantar la voz.

Me hice el encontradizo en la puerta del retrete de señoras y recité una contraseña verosímil

J'aime de vos longs yeux la lumière verdâtre
Douce beauté, mais tout aujourd'hui m'est amer,
Et rien, ni votre amour, ni le boudoir, ni l'âtre,
Ne me vaut le soleil rayonnant sur la mer.

Traté de recordarle quién era, de dónde venía, adónde iba, pero no conseguía reconocerme, a pesar de que le interesaba la situación de ser abordada por un adolescente sensible por más que pronunciara criminalmente el francés. Volvimos a vernos una semana después, previa cita, en otro local equivalente donde probé el *gimlet*, que me supo a jarabe antibronquítico. Ella estuvo obscenamente desclasada, entusiasmada ante la posibilidad de ser mi Pigmalión, de ver en mí el hijo reencontrado de sus iluminaciones en lengua francesa que daba por perdidas en el erial de asfalto de Boston Sur. Si yo no me hubiera enamorado de ella tal vez la habría indultado a pesar del abuso de citas de poesía francesa que introducía en las conversaciones más banales, pero del mismo modo que yo temo perder lo que no amo, tiendo a desembarazarme de lo que los otros me imponen como amor convencional. Además, era una señorita pija de la clase dominante y yo empezaba entonces a creer en la lucha de clases —aunque no se lo decía a nadie porque creer en esas cosas estaba muy mal visto en el Boston de entonces—, descubridor autodidacta *après la lettre* de lo que Wilhelm Reich había formulado en *Materialismo dialéctico y psicoanálisis*, a partir de la intuición marxiana de que «... las condiciones materiales se convierten en ideas en el cerebro del hombre», principio que había llevado al propio Marx a aprovecharse de la dependencia económica y cultural de sus criadas pellizcándoles el culo. De cintura para abajo, Marx siempre fue un consecuente y ejemplar filisteo victoriano, que afortunadamente no tuvo nunca necesidad de psicoanalizarse, por lo que marcó una sana distanciación con respecto a la brujería charcotiana que llevaría a la freudiana. Al marxismo le repugna el psicoanálisis como recurso remendador del yo individualista burgués en crisis, consecuencia de la pérdida de hegemonía de una clase, y también le suscita repugnancia racionalista fruto de la competencia por la hegemonía de la comprensión de las causas de la conducta individual y colectiva. Es evidente que mi etapa marxista la viví tan secreta como plenamente, hasta que se produjo el asesinato del secretario general del Partido Comunista de Boston, muy mal asumido por el intelectual orgánico colectivo. Pero aquel magnicidio ya fue más *reichiano* que estrictamente marxista. Mi psiquiatra argentino lacaniano me dijo que se trataba sin duda de un asesinato *psicobolche*.

17

La puta tampoco poseía la boca necesaria de planta carnívora de mi compañera de pupitre Muriel, boca que yo habría violado una mañana de abril, con el concurso de mi picha rayo de sol, de mi picha cerbatana, de mi picha rayo láser, dispuesta a meterse entre los labios totales de aquella compañera de clase de prácticas de griego clásico, labios tanto para ser mamados como mamones, en una turbia aprensión lingüística y sexual que aún ahora me resisto a rechazar, ahora que soy mucho más propietario que nunca de mis impulsos, de mis lenguas, de mi lengua y de mi lenguaje. La puta era otra cosa. «Estrangúlame, Boston», me pedía, y no tenía ni los ojos sucios, ni el cabello de lujo, ni los labios de holoturia de Muriel, hermosa compañera vegetal que suspendió tres convocatorias seguidas la asignatura regida por una profesora de piernas cortas y cara de cera vieja, ni el pecho sin par de la simpar Alma, ni aquellos senitos impropios en una campesina de mi prima lejana, entrevistos gracias a los tres escotes desbocados de las axilas y el pecho que una moda ya masificada, y a todas luces reñida con la moral vigente, impuso en el verano del cincuenta y cinco.

Sobre la desaparición de aquella prima —la única prima que se puso a mi alcance— se empeñan en añadir la connotación «... por causas desconocidas», a pesar de que yo les he indicado el sitio exacto donde enterré el cadáver, pero es notoria la molicie de estas burocracias represivas, y cambien o no cambien los gobiernos, haya democracia o dictadura, son incapaces de acometer el esfuerzo de derribar un edificio de diez plantas para comprobar si es cierto que hay un ser humano enterrado bajo sus cimientos. Casi nunca recurro a la chapuza de ocultar el cadáver, pero cuando se produjo lo de mi prima yo era muy joven, no controlaba los esfínteres de la culpa y tras estrangularle, esta vez sí, el cuello de pajarito, la enterré en el primer solar a mi alcance, sin la menor sospecha de que el crecimiento económico de los años sesenta iba a construir allí una de las casas más elevadas de aquel miserable extrarradio. Porque debo decir, en mi favor, que pese a este detalle, prueba de mi incontrolada juventud, el crimen lo cometí a la distancia de rigor, no inferior a siete kilómetros de mi casa, en una zona suburbana de Boston a la que llevé a mi prima con la promesa de vivir unas horas en los campos libres, en los horizontes ilimitados que tanto añoraba aquella campesina del profundo Sur. En cuanto a la profesora de prácticas de griego clásico, y por extensión, a veces, también profesora de latín, cometió la torpeza de enamorarse de mí, a pesar de los desmanes de mis traducciones de *La Ilíada* y a pesar de su enamoramiento suspenderme, en un acto de ética profesional mezquina que le costaría tan caro que de hecho le costó todo lo que tenía: la vida de solterona situada en el cuarto lugar sucesorio de un catedrático sanguíneo pero sanísimo, un cura montaraz de derecha zafia, de derecha de la meseta del Boston interior.

Una noche, mientras me acariciaba los cabellos en la sala de costura del inmenso piso decimonónico del centro más envejecido de Boston, lejos de las llamadas lastimeras de su madre inválida, la profesora de prácticas de griego antiguo se empeñó en imbuirme de que me había suspendido por mi bien. «Te has equivocado incluso en los atributos metafóricos de los héroes de *La Ilíada. El de los pies ligeros* no es Patroclo, sino Aquiles», y ponía ternura maternal cuando llenaba de zarzaparrilla y *bourbon* mi vaso con florecitas grabadas, sin hielo... «El hielo daña la garganta. Yo misma tengo pólipos y los médicos me han dicho que con el tiempo no podré dar clases. No sé qué hacer. Y mi madre... así». La madre parecía una inválida de película de terror, una de esas inválidas que siempre la palman a pesar de las advertencias del perro, leal a la familia. La profesora tenía un cogote de ariete bajo una melena baratamente cortada y no muy limpia, un cogote que empalmaba *contra natura* las cervicales con la base del cráneo, con más base del cráneo que cervicales, por lo que me costó romper la botella de zarzaparrilla y luego la de *bourbon* al intentar desnucarla, sin conseguirlo hasta recurrir a una reproducción en bronce de un viejo marino aparentemente escocés... pero adornado con un lema latino: *Navigare necesse est, vivere non necesse...* Vivir no es necesario, navegar sí...

Aún me ofreció el espectáculo pretendidamente patético y acusatorio de sus facciones céreas salpicadas de espinillas, en las que había conseguido cohabitaran el retrato de la muerte y el de la perplejidad. Hubiera necesitado conservar buena dosis de aquella perplejidad para comprender las informaciones que siguieron al hallazgo de su cadáver a cargo de su madre, no tan inválida como todo el mundo creía, o quizá recuperara una necesaria motilidad al descubrir el cuerpo muerto de una hija tan única como horrible. El crimen fue calificado de «pasional», bajo la sospecha de homosexualidad, porque incluso muerta la profesora de prácticas de griego antiguo tenía cara de bollera. Yo me permití resaltarle este aspecto a Muriel, tan estúpidamente inocente que ignoraba la posibilidad de la homosexualidad femenina, y a pesar de los años y años de estudiar latín y griego creía que sólo los hombres eran homosexuales y que «homosexual» quería decir algo así como sexo entre hombres y no «del mismo sexo». Muriel sabía más latín y más griego que yo, pero era una prueba viva de cómo el subconsciente se impone sobre la zona consciente llenándola de agujeros tan negros como mediocres. Muriel figura entre mis fracasos. Cuando me planteé que era necesario exterminarla no la supe encontrar. Se había casado con un tenor catalán muy famoso en Australia y años después, ella se marchó con una lanzadora de jabalina checa, desapareciendo ambas mujeres más allá de la imaginaria puerta estrecha del Bósforo, hacia las entonces todavía ciudades dolientes del paraíso comunista. Antes de que el comunismo soviético se apoderase del Más Allá, los mitos clásicos ya señalaban el Bósforo como la puerta que conducía al misterio final. Jasón, en la saga de Los Argonautas, ha de superar la prueba de las Rocas Entrechocantes que no son otra cosa que la estrecha puerta del Bósforo, la entrada al *pontos áxeinos* de los griegos. En la novela *La Rosa de Alejandría*, de Menelao el Aeropagita, también el protagonista trata de llegar al Bósforo para perder su propia identidad asesina perseguidora, y en la misma línea el poeta elegiaco de las rosas metafísicas y concretas, asegura:

más allá del Bósforo están los universos
la cortina de tiempo entre olvido y deseo

mas nunca se atraviesa el espejo
de la propia memoria.

18

En contraste con la modernidad de la conducta sexual de las clases culturalmente acomodadas, mi prima había dejado su pueblo, ubicado en un lugar indeterminable del Mississippi, y llamado a nuestra puerta para hacer salivar a un pretendiente indeciso, dispuesta a cazarlo porque era el mejor partido en seis kilómetros a la redonda. Profesional del matrimonio, todas las noches atrancaba la puerta de su habitación con una silla, porque había captado en mi mirada la incisión de sus pechos pequeños y parciales, que me repicaban así en las pupilas de los ojos como en la del pene. Y al impedirme la penetración, pero permitirme que le retorciera los pezoncillos beige, que ni a marrones llegaban, no tuve más remedio que poner las palmas de mis manos, de mis manos cortas y fuertes, en sus culitos blandos tan cuadrados como redondos, según los moldeara mi voluntad de escultor de culos. En nada semejantes a los poderosos culos de Telma, la mujer del único tragasables y acuchillador del barrio, una clienta de mi madre que llevaba faldas tubo, medias con costura, demasiada pintura en la cara, pero que en sus posaderas almacenaba una patria, una geografía completa de viajes sin retorno, especialmente revelada cuando se subía a la locura del mambo en las verbenas callejeras de mi barrio.

Su primer marido, adolescente como ella, había sido tan anarquista que se había dejado matar en una guerra de secesión. Luego ella se había dedicado a esperar el fin de la guerra y al circo. Contaba historias de circo y sobre todo la que la había convertido en blanco de su amante, que igual se tragaba sables como arrojaba cuchillos a todo lo que no se movía. El amante acuchillador delimitaba su silueta mediante cuchillos lanzados a cinco metros de distancia, hasta que un día uno de los puñales le abrió un ligero corte en el lóbulo de la oreja izquierda, lo que cambió la vida de aquella mujer rotunda, porque el cuchillero acudió en su ayuda y le puso mercurocromo y un piso. Yo imaginaba aquellos sus culos ventosas en el tablón, sola, frente a los cuchillos ciegos en busca de una silueta más, ignorantes de lo que aquel cuerpo tenía en la retaguardia, y me propuse acuchillarla de espaldas, con el culo desnudo como una fruta a medio pelar, un culo para acariciar en el límite del tacto, antes de que las manos amasaran imposiblemente aquellas carnes metafísicas, ensimismadas. Mas no era lo mío el lanzamiento de nada, por lo que el tercer puñal se equivocó de vuelo y hendió las carnes dorsales de la mujer bajo la paletilla, siguiendo la distancia más corta hacia el corazón.

Reconozco mis digresiones, pero no pido disculpas por ellas. La digresión, dicen mis psiquiatras de cámara, es un síntoma del «desarrollo de la angustia», tal como Freud lo describe en *Vorlesungen zur Einführung in die Psychoanalyse* (1915-1917). Aún se inscribe en una fase en que la angustia, si no dominada, puede autoengañarse mediante merodeos del espíritu, observación a la que he llegado por mi cuenta y que nunca ha sido considerada como una aportación a la filología freudiana, porque todos estos freudianos son unos mamones sectarios, miembros de una sociedad de socorros mutuos, la única industria del espíritu decimonónico que llegará al siglo XXI perfectamente organizada por su carácter de iglesia, dividida, pero iglesia, alejada ya del cumplimiento original freudiano de la búsqueda de una psicología científica, frente a la psicología moralista aunque hipócritamente empírica anterior a Freud. Con la excusa del descrédito de la seguridad científica, los herederos de Freud se han convertido en especialistas de marketing del espíritu en un período de grandes liquidaciones, de rebajas y de reconocimiento del crecimiento cero del Espíritu o en filólogos progresivamente herméticos y endogámicos.

Si he admitido la chapuza del asesinato de mi prima casadera, añado que fue una venturosa chapuza que me educó en la superación de los tabúes del no matarás a los de tu propia sangre, imprescindible violación para poder acometer los crímenes fundamentales: los padres, los hijos y la propia esposa, por orden decreciente de violencia ética. No quiero palabras para insistir en la maestría adquirida que me permitía improvisar sobre la marcha, en el largo entrenamiento que me acercó a las más excelsas alturas del *happening* criminal —una *instalación artística*— como en el caso de la Von Rössli o del maestro de primera enseñanza aficionado al Art Déco. Empecemos por el momento álgido que llevó a mejor vida a Margarita von Rössli. Si sólo hubiera dicho «fóllame», tal vez la habría estrangulado por la vía rápida, con la suavidad de un cable forrado, de los que no cortan carne, ni siquiera piel, y no dejan esos lamentables cuellos que tanto gustan a los médicos forenses, esos cuellos que más parecen degollados que estrangulados si el estrangulador ha sido un chapuzas. Cuellos así han dado tan mal cartel a los estranguladores en general, como a los estranguladores de Boston en particular. Pero ella con su exagerada procacidad había emitido un ruido que me conturbó e irritó, hasta el punto de que cerré el frigorífico de un portazo y a los pocos minutos ella trató de abrirlo desde dentro, operación a la que en un principio se opuso el propio mueble al que yo secundé apoyando mi espalda contra la puerta del nicho doméstico. Cuando la abrí, Margarita apareció en una graciosa postura de bailarina oriental en cuclillas, con un brazo hacia el oeste y el otro doblado sobre la nariz, como si quisiera subrayar la línea de sus ojos aterrados. En cambio el coño se le había hundido, como un segundo ombligo. La saqué y al volver a cerrar la puerta, el frigorífico se estremeció y me destinó una larga parrafada tartamuda de zumbidos que igual podía interpretarse como una demanda de explicaciones sobre su futuro de frigorífico huérfano o un breve pero elocuente discurso de agradecimiento. Fue entonces cuando pensé que si dejaba el cadáver tal como estaba, la policía y los periodistas especularían sobre un crimen artístico o literario, uno de esos crímenes a los que son tan aficionados los japoneses becarios en París, con el hociquillo siempre perlado por el sudor. Además, la primera idea es la buena, solía decir mi primera y única esposa, y por lo tanto estrangulé el cadáver con el peor humor, porque nada hay tan poco gratificante como estrangular a un cuerpo congelado. La colgué a continuación y conseguí así toda clase de desconciertos póstumos entre los especialistas, porque, dueño ya de mi talento, recompuse el interior del frigorífico tal como estaba antes de actuar de cómplice instrumental del crimen, y cuando ya iba a salir de la cocina, de nuevo el tartamudo huérfano emitió quejidos y reproches y me fui hacia Asdrúbal para darle una contundente patada en la braqueta.*

---

* *Nota del Estrangulador:* En el frigorífico había media docena de zanahorias ligadas por una goma, seis puerros, dos lechugas, una cajita de margarina, una papilla vegetal, dos tarros de lecitina, doce coca-colas sin calorías, seis cervezas sin alcohol, una caja de supositorios contra el estreñimiento, siete hamburguesas de soja y medio tomate.

19

A pesar de las diferencias, pueden apreciarse coincidencias creativas en el asunto del profesor Dotras. Tenía a mi disposición a un miserable maestro jubilado, viajero en autocares donde se cantaba *Alabama, patria querida* o *Alouette, gentil Alouette…!*, incluso esa repugnante obscenidad que alcanza toda su degradación intrínseca cuando la cantan septuagenarios:

> *Yo la quiero pu… yo la quiero pu…*
> *yo la quiero pura y hermosa como una rosa*
> *para que mi pi… para que mi pi…*
> *para que mi pícara mano*
> *le toque las te… le toque las te…*
> *le toque las teclas del piano*

Sobre esta descompuesta arcilla debía edificar mi crimen, aunque ayudado por el propósito de Dotras de acercarse a Newport a ver una supuesta villa Art Déco, obra menor de una derivación del estilismo austriaco, porque Dotras prefería las derivaciones que el núcleo de las cosas y despreciaba Viena como referente, a pesar de que era una de las Mecas más imprescindibles del Art Nouveau. Su viaje era de desagravio hacia sí mismo, porque un escrupuloso experto le había comunicado que la silla de Süe no era de Süe sino simple imitación, aunque bastante correcta, de un artesano catalán muy conocido en Cataluña (España): «No sé cómo no me había dado cuenta yo mismo. El Art Déco catalán está lleno de pan con tomate. Todo el arte catalán está lleno de pan con tomate». ¿Y Sert?, le pregunté más que le objeté, aunque en mi opinión Sert sea más un decorativista integrable dentro del Déco que un Déco propiamente dicho. «Sert convertía en catedral de Vic (Barcelona, España) todo lo que tocaba, hasta el Rockefeller Center, donde sustituyó a uno de los grandes muralistas mexicanos porque la empresa se enteró de que el mexicano era comunista», opinó drásticamente Dotras, que ni siquiera retiró la vejación del pan con tomate cuando le puse ejemplos de culturas nacionales no precisamente hegemónicas, como la catalana, correspondiente a un país situado entre Boston y Praga y lleno de pintores catalanes universales.

Miró, por ejemplo. Para Dotras, Miró era una propuesta de pan con tomate y huevos fritos. Dalí, un cartelista que ni siquiera se esforzó en imitar a los excelentes cartelistas artesanos de entreguerras, dejando todos sus carteles llenos de manchas de pan con tomate. ¿Y Tàpies? Pan con tomate y cicatrices de neumotórax. Incluso desde el punto de vista de un historicista del arte, Dotras merecía morir, a pesar de que me sorprendía la aparente brillantez de sus frases rotundas, impropias de un parkinsoniano del espíritu y de un maestro de postguerra de secesión, de qué secesión, no importa. Solicité plaza en el viaje de jubilados a Newport, utilizando el nombre y los datos biográficos de mi padre, asesinado en circunstancias geométricamente admirables, en cuanto estuve en condiciones de, superado el complejo de Edipo, matar de una sola tacada a mi padre y a mi madre, y además sin ganas. Cierto que mi padre, al igual que Dotras, jamás había apreciado mi sonrisa pálida, ni siquiera secundaba por cortesía o por pragmatismo matrimonial las alabanzas de mi madre y cuando ella le requería que me mirara la cara llena de sonrisa pálida, mi padre solía comentar con un cierto asco en los labios: «Se parece a tu madre». Es decir, a mi abuela materna, un botijo entrañable, la estribación más contemporánea de la Venus de Willendorf, por lo que la simple comparación con ella sólo podía pretender ofenderme. Yo sabía cuánta agresividad podía haber en este diagnóstico y cerraba los ojos, como los gatos cuando se guardan un agravio, con una querencia de venganza que la cultura se niega a concedernos cuando el agravio lo recibimos de un agresor absolutamente legitimado como los padres, los sociólogos, los nuevos filósofos, los suboficiales de cualquier ejército y los torturadores de cualquier checa blanca, roja, negra, azul o parda.

Debo admitir que el asesinato de mis padres se produjo en una circunstancia depresiva, lo que no fue causa, sino simple tonalidad de adorno para la situación. Durante semanas pensé en el instrumento, y el forcejeo con el tabú era angustioso, hasta el punto de que temí el primer fracaso de mi brillante carrera de estrangulador si recurría a un utillaje que implicase violencia directa. Puedo decir, a despecho de todas las teorías sobre la violación del tabú y las neurosis que puede acarrear, que nada de eso se produjo en mi caso y asumiendo, de una manera lúdica, la lógica freudiana, tal vez me he liberado de los efectos de un complejo de culpa por la relación entre situación e instrumento en la ejecución de mis padres. Convertí el homicidio en un suicidio, utilizando un jiujitsu moral, es decir, que la fuerza paternal protectora se convirtiera en el instrumento mismo de su muerte. Tampoco se merecían los viejos el recurso a un veneno teledirigido, como se puede matar por correspondencia, y por eso tuve que recurrir a una gran *mise en scène* melodramática. Es cierto que yo me había quedado sin trabajo, un paro entre dos empleos miserables que me infravaloraban y que yo sospechaba, aunque nunca la pillé *in fraganti*, que mi mujer estaba en plena primera ofensiva de follarse a todos los revolucionarios científico-técnicos, lúdicos o primitivos que encontraba y de fraguar mi internamiento porque los médicos le daban la razón en que se había estropeado mi mecanismo de comunicación.

Mis padres sufrían las derrotas del hijo en silencio, dentro de la mejor escuela de la relación paterno-filial, que en buena medida mi padre había recibido del teatro, al que era muy aficionado antes de perder la guerra de secesión, mientras mi madre la tenía más al día porque era una gran consumidora de cine. Me esforcé en trasmitir una total situación de derrota, no sólo mediante la incoherencia sentimental y emocional, sino también adquiriendo el aspecto de fugitivo de mí mismo: siempre la barba de varios días, trajes raídos, con manchas, arrugados, las solapas alzadas frente al frío y como si no tuviera dinero para comprarme un abrigo. Les conté, balbuciente, el lamentable espectáculo estadístico de que un ochenta y ocho por ciento de los amantes de mi mujer eran revolucionarios pijos maltratados por la eyaculación precoz, lo que ella no veía como demérito, sino como prueba de fragilidad anímica y de orfandad. Les dije, aunque ellos se tapaban las orejas para no oír lo que les parecía simple guarrada, que mi propia esposa me había relatado lloriqueante las escasas satisfacciones sexuales y psicológicas que le aportaban sus amantes y en cambio las muchas explicaciones de textos de Althusser, Poulantzas, Samir Amin, Paul Baran, Richta y Sweezy que solían darle en la cama, entre eyaculación precoz y falos a media asta, aunque los más renacentistas le recitaban poemas barrocos largos que incluso les fatigaban la respiración, sin olvidar a los partidarios de las citas eruditas a las que recurrían para justificar como excelencia su poquedad sexual.*

Lo de la nuera promiscua era de esperar y ni se esforzaron en imaginar cuantas exageraciones les contaba, porque no tenían neuronas suficientes para conseguirlo. Pero el aspecto descuidado del hijo suele desmoralizar mucho a los mejores padres, no sólo de Boston. A los míos sólo tuve que histerizarles un poco para que secundaran su propia muerte. Me puse a llorar en su presencia en varias ocasiones, no muchas, pero las suficientes y con la intensidad adecuada como para impresionarles. Finalmente les dije que la vida no tenía sentido para mí, que me habían educado para la victoria y sólo iba de derrota en derrota. «Si la vida no tiene sentido para ti, tampoco lo tiene para nosotros. Tú has dado sentido a nuestra vida», exclamó mi padre, al que de vez en cuando le salía un alma de recitador de poemas tristes. Y mi ma-

---

* *Nota del Estrangulador:* Esta miseria sexual de las vanguardias revolucionarias del 68, y especialmente de sus líderes, ha sido estudiada por Norman F. Lawson en *El sexo de Marcuse.*

dre no le quedó a la zaga. «Tienes razón. Siempre hemos sido un matrimonio de tres. Cuando eras niño lo decías tú: Somos un matrimonio de tres.» No lo recordaba, pero tal vez ya desde la infancia había empezado a preparar el desenlace. «Me voy a suicidar», comuniqué. «Nosotros también», dijo mi madre. «Hace tiempo que lo vengo diciendo», ratificó aparentemente satisfecho mi padre, al que le encantaba presumir de haber pensado cualquier cosa antes que los demás. Mi madre se quitó el delantal, se pasó un peine por su escaso cabello y nos hizo sentar a la mesa de la cocina, cerró las puertas, abrió la llave del gas y se acodó ella también a nuestro lado. Me miraba tiernamente. «Qué bonita sonrisa, siempre has tenido una sonrisa pálida que ha enamorado a todo el mundo.» («Alberto, el de la sonrisa pálida», me adjetivaba la auxiliar de griego, a la homérica manera.) Mi padre estudiaba el orificio de salida del gas, trataba ya de olerlo, nos miraba a mi madre y a mí, se contenía para no levantarse y salir huyendo, pero al fin pudo el atontamiento y la cultura del patriarcado: debía asumir por última vez su condición de cabeza de familia. El viejo, en un momento de incontenible literaturización de la experiencia, me preguntó qué había más allá, y le recité el texto de un *áurea laminilla* con las que se hacían enterrar los adeptos del culto órfico, en la que había una optimista descripción del Más Allá:

Encontrarás en las moradas de Hades, a la derecha, una fuente,
y junto a ella, enhiesto, un blanco ciprés.
A esa fuente no te acerques ni un poco siquiera.
Encontrarás otra, que de la laguna de la Memoria

hace fluir su fresca agua. Delante están los guardianes.
Diles: «Soy hijo de la Tierra y del Cielo estrellado,
también mi linaje es celeste. Esto ya lo sabéis vosotros.
Estoy seco de sed y me muero. Conque dadme en seguida
el agua fresca que fluye de la fuente de la Memoria».
Y ellos te darán a beber de aquella fuente divina,
y luego ya reinarás junto a los demás héroes.

«¡Qué bonito! ¡Qué bonito!», decía mi madre, alejada de la mejor poesía culta por culpa de la división del trabajo manipulada por el capitalismo. «¡Qué bonito! ¡Qué bonito!», insistía ya con muy poquita voz. Yo temía la proverbial resistencia física de la vieja pero calculé bien. Perderían el conocimiento a tiempo de que yo me arrastrara hasta la puerta, ganara el espacio de aire sin viciar y la volviera a cerrar para que se consumara el suicidio. Lo último que le oí decir a mi madre fue: «¿Qué va a pasar con todo lo que tengo en la nevera?», y mi padre me preguntó: «¿Qué hora es?», antes de perder el conocimiento y poco después de tratar de saberlo por su cuenta palpando el reloj de bolsillo que ya no consiguió sacar del chaleco. ¿Razones? Se equivocan los psiquiatras cuando concluyen que el deseo de matar a mis padres procede de aquella alarma traumática de pubertad: ¡ellos pretendían castrarme! Nada de eso. Cuando les maté yo había madurado y si algún reproche les hubiera hecho era el no haberme castrado a tiempo, evitándome las molestias y engorros que reporta no ya la procreación, sino incluso la pulsión heterosexual reproductora. Si les maté fue por geometría, no por compasión, porque quería demostrarme a mí mismo que podía hacerlo precisamente sin rencor ni causa interesada o patológica, como no fuera el miedo a que me sobrevivieran... el terror con el que iban a sobrevivirme... Cada vez que imaginaba ese terror lo superaba con el imaginario de matarlos. Igual ocurría con mis hijos. Me aterrorizaba la crueldad atmosférica total de un mundo en el que yo no podría hacer nada por ellos.

20

Pero ya muerto, mi padre me fue útil para la cacería de Dotras y adopté el disfraz de viejo bedel de la Banca Bostoniana que se pasó todo el viaje hasta Newport presumiendo de que había enseñado a hablar en bostoniano a una jardinera japonesa, contratada para convertir en bonsais bostonianos las principales especies arbóreas de Cataluña.* Si las nueces forman parte de la memoria de mis mejores deseos, los árboles siempre me han parecido criaturas de un territorio tan deseado como hostil. Casi nunca han estado a mi alcance, ni en la ciudad de mi infancia y adolescencia, ni en esta ciudad almenada donde me han condenado a desidentificarme, en la que me condenaron a ni siquiera ver a lo lejos la luz cuando cae sobre el campo abierto, ocultas bajo las ramas las hundidas veredas, tal como las describe Eliot en *East Coker*. Incluso la ciudad imaginaria en la que me encuentro con Alma, no tenía árboles, como no los tendría la ciudad posible para Kafka, es decir, para sus personajes. ¿Quién sería Kafka sin sus personajes? Ni

* Nota del Estrangulador: *Ailant, albercoquer, ametller, atzeroler, avellaner, castanyer, cirerer, codonyer, eucaliptus, figuera, ginjoler, lledoner, llimoner, llorer, magraner, morera blanca, negundo, nesprer, nesprer del Japó, noguera, olivera, palmera de dàtils, perera, pi insigne, plàtan, pollancre del Canadà, pomera, presseguer, prunera, robínia, taronger, xiprer.*

árboles, ni otros niños que no fuéramos nosotros, por eso quizá amo a los árboles y detesto a los niños como si fueran ruidos visuales y notarios de nuestra obsolescencia. Se equivoca quien quiera pactar la supervivencia de su identidad con los hijos, y no digamos ya con los nietos, siniestros simios escatológicos largamente untados de mierda de los que me he liberado. No así Alma. Mediaba la década de los ochenta, ¿o era la de los noventa?, cuando Alma ya había tenido su primera nieta y con un cierto relativo alivio constataba que la niña, una cagona, permanecía ajena al impacto de la leyenda, empezó a incubar el temor y la sospecha de que los años conspiraban contra la más clara razón de su ser. Su nieta era la presencia demoníaca de su propia vejez. No pudo vencer la tentación neurótica de repetir los encuentros con sus pechos ante el espejo y contar una por una las arqueologías que se insinuaban en el normal, mientras el excepcional conservaba una altanería a todas luces exagerada, que ella interpretaba como el valor desesperado del que sabe que puede morir. Había angustia en la mujer y su amo esclavo, y empezó a establecer una relación de solidaridad que podía parecerse a la ternura: ¿para qué me has acompañado durante casi toda una vida, si no has sido mío ni de nadie? ¿Qué sentido ha tenido permanecer en ti mismo, como un parásito soberbio y lleno de belleza? Ya no percibía respuestas seguras y cerradas, religiosas, como antaño, sino un parpadeo del pezón, obligado a una evidente inseguridad. Fue en este estado de ánimo cuando se produjo la llamada del antiguo endocrinólogo, un anciano médico jubilado que hasta el cierre de su consulta reclamara las periódicas visitas de Alma y la repetición del ritual de contemplación a distancia de su paciente preferido. Agonizaba el hombre rodeado de nueras y antiguas enfermeras y pidió recibir a solas a la recién llegada. Apenas si hablaba, pero Alma supo interpretar su querencia. Desprendió el botón de nácar del antepenúltimo ojal de su blusa y luego fue descendiendo, arrancando a cada ojal un latido, a medida que lo vaciaba, hasta quedar el busto abierto en canal, a la espera de que una de sus manos paloma abriera la blusa hacia la derecha para que brotara el seno de mármol rosa caliente, de Klimt, lleno de sangres azucaradas por peladillas, culminado en un pezón torturado y retorcido por su propio complejo de perfección. Cójase el pecho con la mano derecha... Sopéselo... levante el pezón hacia arriba... sópleselo... suavemente... con un leve chorro de aire emitido con los labios semicerrados... en pico... ¿Así?... Así. Mas esta vez la mujer se dejó llevar por un impulso no razonado y se acercó al lecho donde el moribundo trataba de mantener la cabeza erguida a la altura del espectáculo, y entre los labios en los que derivaban los estertores y las palabras rotas metió el pecho y lo prestó a la succión de niño feliz, al que de pronto se le hubieran pasado todos los pesares. No hubo fotógrafos. Pero cuando los allegados y parientes carnales o políticos penetraron minutos después en lo que ya era cámara fúnebre, se convirtieron en estatuas de fotografía. En blanco y negro.

Los recuerdos casi nunca logran horrorizarme, pero si alguno lo consigue es un recuerdo en blanco y negro situable dentro de un cinematógrafo personal e intransferible para películas tan antiguas como yo en las que a la vez soy estrangulador y estrangulado, lo uno y lo otro no necesariamente de Boston. El color es un accidente de la memoria. La sustancia de la memoria es en blanco y negro, bicolor la materia de esa realidad interiorizada. Sin memoria no existimos o yo al menos no consigo existir. En mi memoria se cumplen mis deseos y cuando tengo deseos trato que cuanto antes se conviertan en memoria para que nadie me los frustre, ni me los quite, ni me los cambie por los deseos convencionales. La memoria es la substancia en el sentido cartesiano: aquello que existe de tal modo que no necesita de ninguna otra cosa para existir.

21

Aquel viaje en pos de mi desquite lo recuerdo en agfacolor, un sistema de coloración fílmica alemana, pálido, tuberculoso, de postguerra, en un país en reconstrucción que aún no puede tener colores definitivos y recurre a colores provisionales. La personalidad que yo había adoptado, de filólogo patriótico y sabio *amateur*, capaz de distinguir desde la ventanilla del autocar todas las montañas sagradas del país, desde las que un buen puñado de dioses y vírgenes habían proclamado nuestro carácter de pueblo escogido, y hasta diez variedades de lagartijas bostonianas, provocó que mis compañeros de excursión se alejaran de mi asiento so pretextos varios. Traté de ponerme a su altura convencional y les dediqué todo el repertorio de canciones de autocar que nunca hubieran podido escuchar en ningún autocar ni en parte alguna, como mi tango preferido:

> *como una chipia*
> *de panchuleando*
> *vas por la chutra*
> *del vago arrabal*
> *pulipa tierna*
> *tierna pulipa*
> *del rejostipo chutra real*

> *vienen pandulas*
> *chutras de invierno*
> *y algo me dice: vas a llorar.*

Amo este tango porque demuestra que el medio es casi el mensaje, siempre que haga trampas. Sin la palabra «arrabal» sabiamente situada y sin el final «... y algo me dice: vas a llorar», no sería un tango, sino una perversa tontería. Pero bastan siete u ocho palabras para situar al receptor en la convención de que ha escuchado un hermoso y melancólico tango. Mis compañeros no tenían la más mínima sensibilidad hacia el tango. Conseguí ser tan evitado que ni siquiera me miraban, y es condición indispensable para cualquier asesino que se precie el pasar tan advertido que llegue no sólo a pasar sino a ser inadvertido. Nada más desembarcar en la ciudad Meca de Dotras, pegué con él la hebra desde un supuesto mutuo interés por el Art Déco y tan bien lo hice que no me descubrió, por el procedimiento de darle todo el protagonismo, incluso el de haber sabido descubrir en mí a un fanático del Déco y así me permitió, más que me permití, seguirle hasta la villa deseada, tras él, cediéndole la iniciativa de abrir la marcha. Me gustaba mucho sentirme en la piel de mi padre y adoptar sus maneras serviles cuando se relacionaba con alguien a quien reconocía culturalmente superior, siempre con la reverencia en el espinazo y una sonrisa de entrega en los cuatro puntos cardinales de un rostro blando y diríase que achicado. Y allí estaba, un producto bastardo situable en el límite del Art Déco con el futurismo parafascista, de sueño onírico de alma violenta, tan bastardo que a su alrededor el arquitecto o cualquier remendón posterior había dispuesto una verja de palacio de Buckingham, con las enhiestas doradas puntas de lanza clavadas en el azul blanquecino de los cielos de Nueva Inglaterra. Algo cegato y demasiado distanciada la casa, Dotras expresó su deseo de encaramarse para percibirla mejor y cuando me ofrecí para alzarle, me dedicó una mirada tan burlona como su comentario: «Si es Vd. Popeye no le he visto comer las espinacas a tiempo». Pero trocó la burla por la duda cuando las aparentes escasas fuerzas de mi cuerpo de jubilado excursionista se convirtieron en la rabia y la idea del estrangulador musculado y decidido. No le di tiempo a sorprenderse. Ni a alarmarse. Lo encaré hacia la verja, lo tomé por los codos y lo alcé como a un pajarillo con los huesos tintineantes y quebradizos hasta que su cabeza superó las puntas de las lanzas. Gritó algo, sin vocalizar apenas y sin hacer la menor referencia erudita al Art Déco, cuando adosé su cuerpecillo a la parrilla vertical, procurando que el mentón superara las puntas hirientes, y luego le dejé caer para que su propio peso, aunque escaso, le ensartara la cabeza en las lanzas justicieras. Se contorsionó sin demasiada fuerza o empeño y allí quedó, colgado como un espantapájaros Déco, como un mosquito Déco apresado en su propia afición. Luego volví con mis compañeros de expedición y sumé mi sorpresa a la que a ellos les despertaba el largo retraso de Dotras. Cuando la tardanza se hizo alarma y los viejos líderes naturales del viejo grupo tomaron la vieja iniciativa de avisar a la vieja policía especialista en problemas de la tercera edad, yo ya tenía preparada mi coartada. La policía tardó varias horas en descubrir que mi padre no estaba allí y por lo tanto se decidieron finalmente a preguntarme quién era yo y no les dejé actuar a sus anchas. En vez de asumir esa pregunta pasé al ataque y expresé mi indignación por la suplantación de personalidad que había sufrido mi padre, muerto además, es decir, sin respetar ni a los muertos, lugar común que mereció el aplauso de mis compañeros de expedición, indignados por la vejación de suponerme sospechoso a pesar de que yo les demostraba una y otra vez no sólo que no era mi padre, sino que además a aquellas mismas horas yo estaba en la universidad de Yale pronunciando una conferencia titulada: *La sociedad muda de los votantes y el misionerismo dirigista de los partidos*, título aberrante que se le había ocurrido al organizador del ciclo. Incapacitados para resolver el problema de la ubicuidad, los policías me dejaron marchar tras comprobar telefónicamente que yo había pronunciado la conferencia en la universidad citada.

De hecho se comportaron más sensatamente que los psiquiatras que dudan de lo sucedido y topan una y otra vez contra las paredes lógicas del poder o no poder estar en dos sitios a la vez. Ni que decir tiene que el psiquiatra más escéptico sobre mi crimen Art Déco, William Dieterle, fue hallado decapitado con una finura de corte que diríase lograda por una cuchilla de afeitar, y no se merecía otra cosa por lo negado que estuvo siempre a aceptar la prueba de que yo me sabía mi conferencia de memoria. Aquel psiquiatra odiaba la memoria. La consideraba una falsificación del ego y al mismo tiempo sus muletas, como almacén de recuerdos trucados al que se recurre para no adentrarse en las aguas procelosas del subsconsciente. «La memoria es una coartada para no reconocer el paisaje de la enfermedad. Es un paisaje trucado según el interés del que memoriza.» Más allá de la diferenciación platónica entre memoria y recuerdo, el psiquiatra neoliberal

—era de los que ganaban pasta larga asistiendo en consulta privada a las histéricas más reputadas de Boston— escupía cuando recordaba que Russell había reivindicado la memoria como «punto de vista del presente», lo que para él representaba incluso la coartada del bloqueo del presente. «El presente merece ser nuestra única coartada», solía repetir. Tenía razón Sciascia. Estos modernos represores utilizan el presente como Inquisición. Dieterle era conductista y recurría a William James para quitarle importancia a la memoria como patria del conocimiento. La memoria, según él, o es mera experiencia maquinal que sirve para regular la conducta maquinal, o es un objeto imaginado al que se adhiere la emoción de la creencia, y ultimaba su razonamiento: no sobrevive como creencia objetivable, es solamente una emoción. Le corté el cuello con una cuchilla de *bricolage* y luego le peiné los cabellos de la cabeza cortada con gomina, le dibujé las cejas correctamente, le puse rímel, le pinté los labios y un lunar junto a su comisura izquierda. Fue una decapitación Déco, como en cierto sentido había sido Déco mi conferencia en la universidad de Yale. Exactamente empezaba así: «Suele suceder que la peor cara de un personaje polifacético sea la que enseña en las conferencias. Muchas veces es preferible no conocer al polifacético e imaginarse las facies de ese prisma y no enfrentarse con la verdad única de su presencia propia que entonces, quizás, muchas veces hace que la pluralidad o la pluridimensionalidad de los mensajes anteriores quede reducida si no a la nada, sí a lo poco...». Y terminaba: «Yo creo que hay que reconstruir un sentido crítico y avanzado de la historia basado en una nueva radicalidad, en una nueva racionalidad de carácter universalista y pasar por encima de esta sensación actual de parálisis, de atonía, de que la Historia parece haber terminado. De que todo depende de constataciones de cálculos de probabilidades, de tecnologías mejor o peor aplicadas. Porque si contemplamos la dinámica del mundo y lo que queda por hacer, lo que deberíamos hacer, que equivale a eso, a lo que queda por hacer, por transformar y la cantidad de desorden que hay bajo la apariencia de orden, podríamos llegar a la conclusión de que la Historia es un cadáver que goza de buena salud y que precisamente, para encontrar ese sentido desde perspectivas de democracias participativas, evitar que la mayoría sea silenciosa o silenciada sigue siendo uno de los objetivos más importantes de la Historia desde una lógica democrática. He dicho». El salón estaba lleno de jesuitas vascos tan disfrazados que hasta venían acompañados de sus esposas, pero me odiaban porque eran jesuitas de la fracción neoliberal de nueva derecha, el positivo del negativo de tanto jesuita guerrillero teólogo de la liberación y les irritaba mi dulzura expositiva rigurosamente evangélica, hasta el punto de que empezaron a insultarme, a llamarme ¡logómaco!

22

La incredulidad de los demás me ha perseguido toda la vida, aunque siempre he dado buena cuenta de ella. La puta me preguntó: «¿Me vas a estrangular por aquí?», y se apartó para que le viera el triángulo del pubis cubierto por un vello castaño, señalado por un dedo gordezuelo, mal acabado por una uña tan lacada como desconchada, cual gota de sangre rota y envejecida. No, no era aquél el sexo de mujer que yo había presentido bajo la braga beige suave que llevaba la misionera laica que vino a predicarnos el Congreso Eucarístico, en representación de las damas de la parroquia, mujer que no sabía sentarse sin que las faldas se le quedaran sobre los muslos casi ya ingles, como un dosel. Y bastaba pretextar la caída de un lápiz bicolor para agacharse y ver más allá del dosel una braga húmeda, maltratada por el juego de unos muslos tal vez demasiado gruesos, convertida en un apósito mal puesto sobre una herida tiernísima que yo imaginaba como una carne menor, gratuita, arrugada, gimiente a la espera de una penetración cuya mecánica exacta entonces se me escapaba.

Pero el sexo de la misionera eucarística tenía algo de fruta macerada apetitosa, en cambio el de la puta era una araña almidonada por el semen y los jabones más baratos de la ciudad. Y cuando en la creencia de que el reclamo de su sexo había sido definitivo argumento para mi entrega, me cogió una mano, cual ángel bueno dispuesto a guiarme por el paraíso, es decir, el breve y corto camino de ida y vuelta hacia el lecho, descubrí que sus piernas eran la negación misma de las de la vecina del piso de arriba, tantas veces lamidas por mis ojos en la escalera cuando perseguía sus ascensos de mujer entre dos prisas: la compra, el trabajo, las llamadas aflautadas de su madre o la impaciente espera de su novio retenido en el portal por la convención cultural de aún no haber sido presentado al patriarca de la familia. Jamás nacerán piernas femeninas como las de mi vecina, más esbeltas que largas, con las rodillas dedicadas a acentuar dos carnalidades diferentes, sin oponerlas, la de los muslos de piel de melocotón y la de las pantorrillas sin músculo, pero dotadas de ese poder interior que tienen las pantorrillas destinadas a ser palpadas como badajos de campanas lentas, nada estridentes, antes de que las manos se aventuren por el interior de los muslos, en un placer de blanduras tibias insuficiente si no resulta del contraste con las pantorrillas cantarinas. A veces tomaba el sol en la azotea con las faldas subidas hasta las ingles, los pies sobre una baja silla de enea, y entonces era posible una premonición de totalidad ante el simple espectáculo de las pantorrillas con los músculos colgantes pero retenidos y en cambio los muslos tensos y vigilantes bajo el sol sobrecogido a las puertas del infierno carnal. De entre aquellos muslos le nacería un hijo de labio leporino, campeón *amateur* de boxeo, peso mosca, cuya simple llegada a este mundo me supo a sustitución. El marido de mi vecina resultó ser tontamente bebedor y mujeriego, hasta el punto de que murió porque la borrachera no le permitió defenderse de las cuchilladas de un ofendido panadero, trabajador nocturno que volvió a casa antes de lo previsto. A mi vecina, la de las piernas de pan dormido, la violé disfrazado de violador psicópata, es decir, con un pendiente en una oreja, pegando puñetazos que no venían a cuento y gritando sin contención ni coherencia lógica: ¡Puta! ¡Mama! ¡Puta! ¡Mama! ¡Puta! ¡Mama!, ¡Puta!, ¡Mama!, ¡Puta! ¡Mama! A pesar de lo que sale en la siniestra película de Fleischer, mis crímenes nunca han sido especialmente violentos, pero en el caso de una violación si no hay brutalidad se pierde el sentido mismo de la transgresión y luego lo paga la violada, porque la sociedad morbosa no se la cree. Fue muy desagradable, sobre todo para mí que tuve que contemplar los efectos de mi agresión. Ella se volvió frígida y sordomuda, como si asumiera un doble complejo de culpa, y se convirtió en una desdichada esquizofrénica, una rosa de Alejandría, colorada de noche, blanca de día, tediosa ama de casa siempre malhumorada que escondía en su interior a otra mujer lasciva dispuesta a acostarse con todo hombre de hechuras violadoras, como la protagonista femenina de *La madona de las siete lunas*, una de las películas que más me impresionó en plena pubertad. La mató un amante cobaya porque entró en sospechas de que su frigidez era fingida o culturalmente castradora, una frigidez de feminista radical.

Cuando la asesinaron ya estaba muy estropeada y mi madre, si la veía pasar bajo el balcón, le tiraba parte del agua de regar las macetas y marro de café con que las abonaba. Ella levantaba su lengua muda hacia nuestro balcón y trataba inútilmente de insultarnos sin la menor esperanza de escuchar sus propios insultos. Mi madre se llevó a la tumba el secreto de su odio. Creo que la intuición de madre le indujo a la sospecha de que mis trastornos, contenidos, cuando aparecía mi vecina, no tenían otra culpable que ella misma. Nunca me explicó su secreta lógica de madre amantísima. Ni siquiera yo conseguí arrancársela mientras la agonizaba y me parecería demasiado baladí que el motivo fuera la envidia, porque mi madre tenía las pantorrillas de conejo y las piernas de mi vecina debieron formar parte del negativo de sus pesadillas. Eran tan hermosas las piernas de aquella mujer que presuponían el absoluto entre los muslos y también el temor a separarlos, por si su sexo era solamente una araña y no la fruta más exacta del árbol de la ciencia del Bien y del Mal. Su hijo, el boxeador, también tenía las piernas bonitas.

«Por mí se va a la ciudad doliente», subjetiviza Dante la puerta del infierno, esa vagina. Reino de Hades, por ahí nos expulsan y nunca nos aceptan hasta la totalidad del retorno. Pero sorprendentemente, en la vagina habita el espíritu masculino del Dios de los infiernos, el quinto de los nueve señores de la noche, sobre la espalda el sol negro nocturno, asistido emblemáticamente por la araña y la lechuza. ¿Acaso el sexo femenino no aparece como una araña y es araña fatalmente vinculada a la obligación de tejer y destejer trampas, la primera para la propia araña esclava de la tela que ha tejido? «La casa de la araña es la más endeble de todas», sentencia el Corán, desde una falsa prepotencia masculinista o, quizás, desde el complejo de amenaza frente a la omnipotencia de las arañas, guardianes de la ciudad doliente donde perece el macho cuando más cree serlo. Y me daba miedo aquella araña hirsuta, almidonada por los peores semen y jabones del infierno, por lo que no secundé el tirón de la mano de la puta y ella se revolvió sin soltarme. Esta vez no era ironía barata la que me ofrecieron sus ojos y sus labios, sino un despecho grosero y ofensivo que me recorrió de arriba abajo y se detuvo justo en mi bragueta clausurada, como si me diera la última oportunidad para no causarle más pérdidas de tiempo. Su tiempo no era de oro, sino de estaño, de remiendo de estaño, pero ella apreciaba su tiempo. «Hubo una que se murió de vieja esperando que se la follaran.» Ante aquella grosería, ruido opuesto por el vértice pero equivalente al que años después le costó la vida a la contorsionista, la ironía pasó de sus ojos a los míos. Comprendí que no se merecía el destino de morir de vieja esperando que yo me la follara y deduje que no tardaría en darme motivos para que cumpliera sus deseos. Cuando ella comprendió que yo me reía por dentro, se le removieron los más incultos posos y tras dudar de mi hombría, convirtió aquella sospecha en una categoría generacional. «No sé qué os pasa, pero todos los jóvenes de hoy parecéis maricones, ¿eres estudiante, no? Cualquier tarugo de esos que esperan ahí fuera ya me habría pegado cinco polvos sin bajarse los pantalones.» Y a medida que yo le sonreía, ella eliminaba cualquier tentación sintáctica, siquiera la de la oración simple, para pasar a los vocablos más insultantemente directos. Retuvo su agitación cuando le puse las manos en el cuello y mal interpretada mi acción, súbitamente cambió la indignación por la complacencia que merecía su victoria. «¿Te excita que te insulten?», me preguntó, y murió sin recibir la respuesta, con los ojos sorprendidos por la fuerza de mis manos y la inteligencia tan rota que no sabía utilizar las suyas, inútilmente adheridas a mis brazos, como tratando de ayudarles a estrangularla. Cuando dejó de agitarse y de sustituir muecas inútiles de indignación, miedo, dolor y demanda de compasión, sin dejarla caer al suelo la cogí en brazos y la tendí sobre las sábanas desdeñosas, neutrales e inapetentes ante el sentido de los cuerpos que se tendían sobre ellas. Me tomé el tiempo de mirarla y comprobar uno por uno los elementos de su fracaso. No. No tenía los ojos suciamente brillantes de las mujeres lascivas de Klimt, ni el cabello acariciante como millones de sexos de hilo de oro, ni los labios carnívoros, ni los senos recién nacidos y huidizos, ni los culos solares, ni el sexo implícito —al contrario, explícito, como una obviedad molesta—, ni aquellas piernas columnas de seguro cielo. Su total y desnuda naturaleza muerta no estaba a la altura de mi deseo fragmentado, largamente incubado en la soledad creciente de mi mejor memoria.

23

Un observador meticuloso podría querer hacerme admitir que el asesinato de la puta fue un acto de desprecio entre la misoginia y el racismo social. La maté porque su profesionalidad era una mistificación compensatoria de todas las mujeres que debiera haber sublimado. No se puede comparar este acto de ajusticiamiento con el de la profesora de francés, mi verdadera iniciadora sexual, que cometió el error de elevarme a la condición de amante mientras me conservaba la de clase subalterna agradecida por su entrega de sexo y de poesía francesa contemporánea. Era más partidaria de Saint-John Perse que de Prévert, en unos años en que esta elección la denunciaba como militante de la derecha poética, aunque nunca, he de admitirlo, en mi presencia pronunciara ningún juicio positivo sobre el miserable Paul Claudel, tal vez el intelectual más repugnante que jamás haya existido. Dando la vuelta al pretendido argumento prepotente sobre el asesinato de la puta ¿acaso maté a la profesora de francés como consecuencia de una pulsión de muerte derivada de la lucha de clases? ¿Acaso no estaba más cerca de mis causas Wilhelm Reich con sus aportaciones en *La lucha sexual de la juventud*, lucha desde la pulsión de vida, nunca desde la reaccionaria pulsión de muerte freudiana? La profesora de francés perpetraba sobre mí un intento de apropiación indebida avalado por siglos de dominación económica, cultural, social, psicosomática, política, en suma, de su clase sobre la mía. Tenía la edad de mi madre y el aspecto de mi hermana, en el caso de que yo hubiera tenido hermanas. Era culpable de vampirismo psicosomático porque había utilizado la plusvalía ancestral para envejecer lentamente y cultivar la gestualidad de la juventud, sustituyendo mi auténtica juventud e incluso llegando a comentarios tan alienantes como: «Tú espiritualmente eres mucho más viejo que yo». Merecía la muerte como la merecía Pasolini cuando utilizaba su patrimonio cultural y esencialmente clasista para tratar de sodomizar al miserable lumpen que le mató. A mi profesora de francés la perdió su gestualidad psicosomática vampirizadora, desde el supuesto de que su libertad y juventud de espíritu le autorizaban a llegar a límites que mis convenciones culturales, pequeño burguesas, no me permitían alcanzar. Así, una tarde después de haberle excavado la garganta con mi pene hasta provocarle atragantamientos de muerte, se rió de mi miedo por su suerte y me invitó a que nos pusiéramos bolsas de plástico cubriéndonos la cabeza, las atáramos en torno del cuello y resistiéramos la asfixia hasta el máximo de nuestra capacidad de desprecio a la vida. Así lo hicimos. Las bolsas de plástico nos daban aspecto de fetos cabezudos tratando de volver al más allá absoluto y aunque no nos veíamos claramente la mirada, era fácil inducir que sus ojos espiaban mi aguante, sin advertir que a mí no me importaba el suyo. Me quité la bolsa y salté sobre ella haciendo estrecho hasta la condición de segunda piel el cerco del plástico sobre su cuello, su boca, su nariz, sus ojos progresivamente dilatados, visibles por el espanto. Por breves décimas de segundos dudé si quitarle la bolsa un instante, a ver si era capaz de emitir una última frase brillante, tal vez unos versos de Saint-John Perse, pero jamás, jamás indultarla. Temeroso de esa capacidad de piedad que hasta los mejores estranguladores adolescentes conservan como rémora cultural, no le concedí la gracia de la palabra y la perpetué en sus estertores más rotos que los estertores a pulmón libre. Cuando le quité la bolsa de plástico era un cadáver exquisito, ni Prévert, ni Saint-John Perse... Cocteau... un auténtico Cocteau:

> *Rien ne m'effraye plus que la fausse accalmie*
> *D'un visage qui dort;*
> *Ton rêve est un Egypte et toi c'est la momie*
> *Avec son masque d'or.*

Nunca había llegado a suponer que la adolescencia no es un estado transitorio y lineal, sino una parcela de la psique que sobrevive a la línea imaginaria de la adolescencia convencional. El adolescente de Dostoievski no es un adolescente propiamente dicho, es un treintañero, pero su inmadurez consiste en que no ha alcanzado la síntesis entre la tesis angélica y la antítesis demoníaca que el pensamiento postromántico suponía en toda personalidad. Al fin y al cabo, el propio cristianismo había partido de la misma trinidad: ángel, demonio, pecador con complejo de culpa. Un mundo de ángeles hubiera inutilizado la religión y un mundo de diablos la habría derrotado. La síntesis, ahí estaba la clientela: el pecador culpabilizado, un todoterreno para la aplicación de la compasión y de la geometría redentoristas. La adolescencia es un limbo en claroscuro en el que nadie es capaz de fijar la frontera entre lo angélico y lo diabólico. A pocos años de la vejez irreversible, de vez en cuando me reconozco adolescente y estoy cada vez más en condiciones de reconocer a otros adolescentes en su obscena malformación, inmersos en una debilidad potencial de la que sólo puede redimirles el crimen. El otro es un lobo para cualquier adolescente. Los otros te impiden seguir siendo adolescente y te obligan a elegir: ser diablo o ángel.

La misionera eucarística con las bragas empapadas de sudor y flujo era una adolescente empeñada en que la cohabitación ángel-diablo se decantase hacia lo angélico, pero conocedora de que los contrarios coexisten y coidentifican. Yo la acompañé a dar consuelo espiritual, leche en polvo y pastillas de jabón a los ancianos más agonizantes del barrio y aquella piedad peligrosa la agotaba, le rompía los nervios de la autoestima y acababa el día pidiendo perdón por no ser anciana, menesterosa, ni impía. Fue en una de aquellas noches en que la acompañé al convento de carmelitas donde figuraba como asistente seglar cuando me invitó a pasar a su celda, a sentarme en sus rodillas, a mecerme como si yo fuera un animal impúber. Hice lo que debía. Le eché mano a la teta más próxima y era inmensa, blanda, incontrolable, sin la dura pureza de peladilla de la teta marmórea y caliente de la Danae de Klimt. Le metí mano en el coño y la retiré viscosamente mojada, como una antorcha apagada que olía a las cloacas secretas del cuerpo humano. Ella primero puso los ojos en blanco y gemía, gemía, me abrazaba, me ofrecía el pubis para que mi mano se hiciera pubis y se le metiera en la vagina. Pero de pronto se dio cuenta de que el ángel era vencido por el diablo y empezó a aullar en sordina, a mirarme extraviadamente, y finalmente dio el escándalo, pegándome, arañándome, insultándome y poniéndome en evidencia ante la comunidad, ante mi familia, mis profesores, mis directores espirituales e incluso el señor obispo quien, ante el todo Boston, me dedicó una homilía vejatoria. No pude devolverle la afrenta hasta hace poco, en una artística actuación que referiré en su momento.

Si la vivencia de la misionera fue adolescente, mi crimen no lo fue, independientemente de la época en que se produjera. En cambio sí fue adolescente el asesinato hasta el exterminio de Seisdedos, el falso amigo de infancia, al que no vi durante años y años para encontrármelo un día en la puerta de la cárcel, recién salía él y se me vino encima para pedirme dinero. Estaba enfermo, dijo, quería volver a su pueblo. Estaba igual pero con cuarenta años más. En cambio él cometió la torpeza de no reconocerme y se inició así un juego del ratón y gato en el territorio de la memoria, hasta llevarle a aquella situación en la que había dicho que él a Alma se la podría follar cuando quisiera. «¿Así que tú eres aquel niño asqueroso, pálido, de mantequilla, que de vez en cuando me viene como si fuera una fotografía de primera comunión?», me dijo. Poco antes de que le atropellara con mi Jaguar. Varias veces. Aunque sobre el asesinato de Seisdedos se me superpone el del heredero de *Cantijoch. Frutos Secos*, al que también atropellé con mi Jaguar. Varias veces. Las nueces. El vínculo de las nueces funde los límites de las siluetas de los dos cuerpos destruidos. Los referentes del Bien-Triunfo y el Mal-Fracaso de mi infancia. *Da nuces pueris*. Yo había reconocido en él —me refiero a los dos, a Seisdedos y a Cantijoch— a un adolescente envejecido y lo cultivé, sin agobios, después de nuestro encuentro provocado en la asamblea de tenderos de frutos secos. No cometí el error de convertirme en cliente de su tienda, ni siquiera le merodeé el barrio, a pesar de que era tan mío como suyo. Tampoco le secundé en sus salidas semanales hacia el excitante mundo de los shows, con cena y ya con *streap tease*, gracias a la modernización de la moralidad. Un encuentro en ese territorio hubiera implicado a su mujer, Alma, y ella y yo merecíamos encontrar nuestro propio ámbito. Pero sí le seguí en otras salidas, a veces continuadoras de su militancia tenderil contra el universo cada vez más ordenado por los chips y las multinacionales, pero también a veces en busca de casas de prostitución postmoderna: *Darling. Un lugar con solera. Trato exquisito. Vd. nos ve y nosotras no le vemos a Vd. Hola. Soy Raquel. Ven a vernos. Te esperamos... ¡sábados sí! ¿Te atreves? Soy morbosa ¿quieres que te lo demuestre? Teléfono erótico Visa. Teléfono erótico en vivo. Conversaciones muy calientes. Masaje relax glanderiano. Noches superfantásticas. Jóvenes liberadas. Sex Shop. Cabinas multicanales. Regalos, lencería, vídeos XXX, Eva y sus amigas, paraíso de tentaciones, 3 travestis, negrita 18 años, orgasmos B.D., sexy, Laura 19 a. nva. venezolana y Eva 18 a. nva. guapa. Desde 3000... Mapy, masajistas diplomadas.*

Le abordé finalmente en el vestuario de una casa de masajes donde el cojo lo era más que nunca, porque tanto al desvestirse como al vestirse lo hacía a la patacoja y con las urgencias lógicas en un varón no excesivamente bien dotado que teme ser descubierto en su minimalismo fálico y testicular. Estaba saltando sobre la pierna buena en busca del túnel de una pernera del pantalón y le cogí por un hombro, con la suficiente fuerza como para que no perdiera el equilibrio pero dejándole semicolgado del aire, desairado, sin compostura, con una mano en las partes pudendas y la otra conteniendo la voluntad de caída de los pantalones: ¿Me recuerdas? Dotras. El colegio. Los frutos secos. Wittgenstein. Lo de Wittgenstein seguía sin digerirlo, pero le sonaba a algo alemán, muy importante, y poco a poco me situó y aumentó su incomodidad, como si le estuviera sorprendiendo una adolescencia desviada y no una madurez poniente y acomplejada. Al hacerme cómplice de sus debilidades le hacía débil y me puse a su disposición, es decir, le puse a mi disposición, abriéndole el panorama de ofertas de sexo clandestino al más *alto standing*, más allá de sus horizontes de tendero dependiente de los anuncios de Contactos de la prensa de Boston. Embarazado, pero excitado, me siguió un mes después a una casa de relax de superlujo abastecida de putas con tres o cuatro cursos de Escuela Superior de Administración de Empresas, alguna ex miss Europa en topless y dos de ellas tenían un autógrafo del Papa, puesto que habían peregrinado a Roma para ver la arquitectura y la escultura civil del Renacimiento y de paso se habían ido a echarle una mirada al polaco, que estaba muy bueno, decían, dentro de lo que cabe por su condición papal y de padre espiritual de todos nosotros, incluso de nosotras ¿eh? También habían viajado a Moscú para asesorar a las nuevas putas postsoviéticas de calidad, al alcance de los nuevos millonarios, y se hacían cruces de lo desorientadas que estaban aquellas muchachas, víctimas de la cultura prohibicionista del stalinismo que las había obligado a un insuficiente aprendizaje clandestino. Pasarán años hasta que las putas de los países del llamado socialismo real se pongan a la altura de las putas formadas bajo el capitalismo, la democracia, el mercado libre. O así lo creía la puta más dotada verbalmente de todo Boston y su zona de influencia.

Tenían conversación aceptable y servían champán de segunda clase, pero champán francés al fin y al cabo, así como canapés de salmón, mientras te ponían el preservativo como prestidigitadoras. No visto y puesto. A veces ni siquiera te dabas cuenta de que te lo ponían mientras te distraían con temas como el impuesto sobre la renta de personas físicas, la tentación norteamericana al aislacionismo económico, por qué son tan violadores los serbios o las causas por las que la presidenta Hillary araña con frecuencia al presidente Clinton. Eran putas cosmopolitamente decepcionantes que a Klimt no le habrían inspirado ni un garabato, con sexos pasteurizados... ¡aquellos coños de los apuntes eróticos de Klimt... coños, coños, coños... arañas, arañas, arañas...! Para Cantijoch era otro mundo y se corría como un cerdo cuando se la mamaban aquellas lenguas de probeta, lenguas musculadas por selectos masajes culturistas, pura proteína de lengua y adobadas con crema de lengua diríase que Margaret Astor. Una noche le saqué borracho del postprostíbulo y lo llevé en mi coche a uno de los parques que rodea la ciudad, a que tomara el aire y desoxidara los pulmones y las vísceras de un champán demasiado sulfurado. Apenas si se tenía en pie y peor lo tuvo cuando le rompí la pierna sana con la llave del gato de mi coche, marca Jaguar, siempre tan limpio gracias al champú especial de la misma marca. Se quedó de rodillas, ya más perplejo que borracho y contuve el impulso, adolescente, de recitarle mis agravios, mi agravio: Alma. No se lo recité porque reconocía en mi fuero interno que era un pretexto y que si odiaba a Cantijoch era por el contraste entre su pequeñez real y la grandeza artificial del rol de mejor vendedor de frutos secos del barrio, comedor desde la más tierna infancia de cuantas nueces quisiera, mientras el pobre Juanito Seisdedos tuvo que iniciar su carrera de ladrón, bujarra y delincuente habitual para poder acceder al fruto prohibido y seco. *Da nuces pueris.*

24

Le atropellé dos o tres veces con mi Jaguar Sovereign, como si fuera un rodillo para amasar cojos totales y era pulpa y astilla de hueso lo que quedó finalmente sobre el asfalo de aquel *cul de sac* ¿perro? ¿hombre? *Aequa tellus pauperi recluditur regumque pueris*, cantó el gran Horacio: «La tierra se abre tanto para el pobre como para los hijos de los reyes». Transustanciación de la vida a materia orgánica indeterminable que recogí con una pala y arrojé sobre la tierra para que la abonara. Al fin y al cabo era materia orgánica criada con nueces y había pagado su deuda a la naturaleza. ¿Me causó satisfacción aquella muerte? No especialmente y cuando necesito sentirme constructivo, justificado, si se quiere legitimado, recurro a la presunción clásica de que es feliz el que muere antes de llamar a la muerte. Es preferible que te maten a desear morirte, lo que no quiso entender antes de que la matara ecológicamente, la misionera laica del Congreso Eucarístico de mi adolescencia, a la que descubrí ejerciendo de anciana voluntaria olímpica durante los Juegos Olímpicos de Boston —la rocié con gasolina sin plomo y la incendié con una antorcha olímpica de juguete—, en una aplicación postmoderna de su *élan* de solidaridad que había subido de los infiernos eucarísticos de su torva juventud a las excelsitudes pasteurizadas del Olimpo mediático que destruyó los cuatro puntos cardinales del imaginario de mi ciudad.

Los psiquiatras sacan en este punto mi poema, inédito, *La ciudad*, y lo comentan entre ellos porque yo he renunciado a colaborar con estos mercaderes de pastillas y de minutas. Cada vez que yo entraba en el debate y me indignaba ante las tergiversaciones ¡me calmaban!... y aprovechaban mi laxitud para interrogarme sobre *mi* interpretación de *mi* poema en espera de que coincidiera con *su* interpretación.

Hay viajeros que regresan a sus barrios
para matar recuerdos y recobrar la vida
pero imposibles
los cuatro horizontes de rostros conocidos
inducen a las trampas de las voces
        submarinas
en una cinta mal grabada que conduce
a la totalidad expresiva del silencio
       cállate
muchacha dorada en perpetua puesta de sol
anaranjados tus pechos lamidos por el atardecer
apuntan a las ventanas inciertas
        donde agonizan mirones
asidos al timón de su propio deseo
anclados en el sillón relax del ¿cómo tan tarde?

sin duda la vida ha muerto para ellos
entre estos cuatro horizontes de ladrillos
        y el horizonte
es una palabra que conduce siempre al miedo

a llegar tarde a no saber decir a tiempo
*   por favor*
y si descubrieran algún placer superior al de mirar
el atardecer sobre unos senos
*   morirían de frío*
en las esquinas preparadas para los desertores
de su propia cálida agonía de tigre de hojaldre
*   dominguero*
el pastel de nata huele a ingle cariñosa para el dedo
morirían
¿decía Vd. morirían?
*   decía yo*
morirían si descubrieran algún placer superior
al de mirar por las ventanas el desperezo de la muchacha
*   en flor*

el frío aguarda más allá de las patrias
más allá de los hombres conocidos y los gestos
*   sin sorpresa*
las huellas te siguen sin imaginación y mueren
*   cuando descansas*
y es posible morir de sinceridad ante el descubrimiento
de que siempre vamos de fraude en fraude
*   de muerte en muerte*
y recordar es volver a vivir dijeron los antiguos
con un impúdico clasicismo de gentes con pagado
seguro de entierro tercera clase A los seres queridos
*   —¿Más allá?*

más allá preguntan los adolescentes y ni siquiera
saben la respuesta cuando vuelven a Boston
donde conservan pétalos lilas entre los tabiques

y las muchachas sin flor se cuelgan niños de los senos
y miran por las rendijas de sus nichos al estrangulador
                                                    adolescente
fusilado de cara a la pared —muchacho ¡muchacho! despierta—
son las ocho de la mañana y aún no has muerto

la arquitectura ¿transformará las agonías?
Rimbaud pensaba que la poesía cambiaría la vida
pero ni siquiera consiguió aliviar las agonías
—o tal vez escribiera «la vida» en un optimismo impropio
de cualquier homosexual francés bastante culto—

ningún laberinto altera el resultado
ningún laberinto altera el resultado
ningún laberinto altera el resultado
pero es cierto que más placer se encuentra
en los juegos largos que no aburren
                                    en la perpetua
improvisación del no saber qué hacer
                                    mientras se muere

Si acaso
construid ciudades donde palpar atardeceres
de senos que esperan nuestras manos
                                    donde las muchachas
quisieran jugar a perseguir crepúsculos en los techos
atravesadas por el alfiler del coleccionista o por la piedra
del hombre acostumbrado a no hablar
                                    siquiera a decir
buenos días en la puerta de los ascensores
que nunca conducen a pisos que no existen

                              a esta ciudad
también volverá a esta ciudad el estrangulador de sí mismo
prosperó y se casó con la muchacha dorada
                    Onán el cosmonauta
cartero espacial de Boston al Mar de la Tranquilidad
y vuelve como un pájaro furtivo a picotear
en los escombros de toda ciudad imaginaria

era tan hermosa
era tan hermosa
era tan hermosa
—relatan los cronistas oficiales—
que fue destruida
no quedó piedra sobre piedra cuando los bárbaros
decidieron destruir los paisajes artificiales que gritaran
¡SUBVERSIÓN!

25

Tal vez si hubiera matado a mi referente privilegiado, Alma, en el momento adecuado, en torno a la plenitud de la adolescencia, la pulsión de muerte hubiera empezado y terminado en ella y con ella. Feliz el estrangulador adolescente que asesina su primera obsesión, pues de lo contrario la conservará como un quiste maligno e irá asumiendo nuevas obsesiones para ultimarlas, en compensación a la que no pudo o supo ultimar a tiempo. Si maté a mi propia esposa cuando no supe qué contestarle al pedirme explicaciones sobre dónde estaban nuestros hijos y no creerse que los hubiera despeñado por un acantilado, no fue por salir de una situación embarazosa o por miedo a que no comprendiera la ejecución de los niños usurpadores. Los niños son generalmente perversos usurpadores de sus propios padres y hay que elegir entre ellos o nosotros. Tampoco fue una tardía respuesta a sus hipotéticos adulterios con atletas revolucionarios que se burlaban de mi condición de fontanero, aunque fuera uno de los fontaneros más apreciados de Boston, y me ridiculizaban al ridiculizarla por dejarla evidentemente insatisfecha hasta el punto de que me utilizara como bayeta sucia para las excrecencias de sus insatisfacciones. La maté porque no era Alma. Nunca había sido Alma. Ni siquiera respetaba mis escasas menciones a Alma y poco antes de morir gritó, groseramente, que estaba de Alma hasta los ovarios y que me metiera a Alma donde me cupiera. También dijo que iba a matarme porque la enloquecían mis celos enfermizos y mis estupideces sobre el despeñamiento de los niños y empuñó un cuchillo japonés para agredirme, pero no contaba con que yo tenía otro y cruzamos los cuchillos varias veces antes de que uno de mis mandobles le abriera un tajo en la yugular, al que se llevó la mano con disgusto, pero no mucho más que el que le hubiera podido producir la picadura de una mosca, para balbucir en su agonía: «Ya me avisó mi madre que no me casara con un...». No tuvo tiempo de calificarme, pero sospecho por dónde iba. Conservé el cuchillo para emplearlo con Alma y he aquí el cadáver fundamental, la finalidad de mi educación sentimental. Al lado del cadáver de Alma, el de mi mujer era un mero lapsus.

Los psiquiatras penitenciarios no sólo no creen que yo matara a la misionera laica en el transcurso de los Juegos Olímpicos de Boston por el procedimiento de violarla y luego incendiarla gracias a la gasolina sin plomo. ¿Cómo es posible que Vd. estuviera en esta enfermería penitenciaria y al mismo tiempo violara a la venerable anciana? Allá ellos. En los cimientos de la Villa Olímpica de Boston están las cenizas olímpicas de aquella mujer tan sacrificada. Tampoco han encontrado el cadáver de Alma, y dudan de la situación de partida de su muerte: ese acto sadomasoquista de dar de mamar al endocrinólogo, a pesar de que yo lo expuse según el esquema lógico de las transcripciones freudianas de sueños o desvelamientos:*

---

* *Nota del Estrangulador:* Por ejemplo, en las transferencias freudianas, el sueño de los tres florines y sesenta y cinco céntimos de Traumdeutung

«Alma da de mamar al endocrinólogo y veo la escena en una fotografía en blanco y negro. Alma se esconde el seno derecho y mi brazo se ablanda cuando trato de impedírselo. Pero mi brazo se prolonga en un cuchillo japonés que se mete en sus carnes sin resistencia. Ella observa concienzudamente la limpia entrada de la hoja de acero en su cuerpo y se vuelve hacia la puerta por donde acaba de entrar su marido, el malogrado cojo de los frutos secos Cantijoch, con la cojera agravada por una prótesis en la cadera inicialmente buena. "Es un antiguo compañero de juegos infantiles", me justifica ella, así como la acción del apuñalamiento: "Estábamos jugando a médicos", aunque en voz baja me dice: "Me obligas a mentir a mi marido. Nunca lo había hecho". Yo saco el puñal de la herida lleno de reflejos dorados —Alma era la muchacha dorada por excelencia— y se lo enseñó a Cantijoch. Ya no es un puñal. Es un pene vibrador de plástico y con pilas. Pero Cantijoch me escupe y Alma ha desaparecido». Reconozco que como relato de sueño o de sucedido cotidiano deja mucho que desear, pero yo trataba de ser amable con los psicoanalistas y facilitarles al máximo la interpretación. Ni siquiera llegaron a hacerla. Negaron *el hecho*, aunque se entregaron a un discurso lleno de ponencias cruzadas sobre el papel del cuchillo en mi *ensoñación fabulada*. «El cuchillo es el principio activo que agrede a la materia pasiva o la modifica», dijo el que llevaba la voz cantante. «¿Por qué no la expresión de una pulsión ritualesca? —opinó otro—. El cuchillo es el instrumento *sine qua*

---

o el caso de omisión que relata el teniente T. en *Psychopathologie des Alltagslebens*.

non del sacrificio, es la mano armada de Abraham en el sacrificio de Isaac», prueba evidente, así como la turbia historia de Caín y Abel, de los truculentos orígenes de las truculentas religiones judeocristianas, a diferencia del sentido que tiene el sacrificio, fundamentalmente épico, en las islámicas o el sacrificio lúdico de los hinduismos, para llegar al cachondeo búdico que reduce el sacrificio a una juerga floral. A continuación se enzarzaron en una discusión sobre si el cuchillo nació ya como símbolo o como instrumento para matar diplodocus, carne imprescindible y muy estimada por nuestros antepasados primates. Ni Freud, ni Jung, ni Adler, ni Lacan, Piaget, ni Reich se habían pronunciado expresamente sobre la causa última de la existencia del cuchillo —causa última y finalidad última coinciden, siamesas por el vértice primero hasta fundirse— y ni siquiera lo mencionaban expresamente al referirse a la agresividad, aunque figurara como instrumento circunstancial en la interpretación de algún que otro sueño. Con todo, sigue siendo Sigmundo el menos desacertado en el análisis de la agresividad de *Jenseits des Lustprinzips (Más allá del principio del placer)*. Finalmente se dirigieron a la Interpol para que solicitara de la alcaldía de París el permiso de excavar en el parque de Luxemburgo por si se producía la exhumación del seno derecho de Alma. Por suerte para ellos la Interpol, donde la influencia francesa es determinante, se negó a ponerse a trabajar a pico y pala, arriesgando la fisonomía de uno de los parques más hermosos de París. Esta demostración de su escaso peso internacional, en contradicción con la propaganda mediática sobre la cada vez mayor influencia de Boston en el concurso de las naciones y las ciudades, hasta el punto de que Boston era una de las siete ciudades más ricas del mundo, la quinta más contaminada, la sexta más cara, disponía de la torre de Comunicaciones más alta de la tierra, tenía las escupideras más modernas y el emperador de Occidente no daba un paso sin consultarlo con nuestro alcalde, al tiempo que le reservaba sus trajes usados más caros y mejor conservados, les produjo un ataque de rabia que dirigieron mezquinamente contra mí, mediante toda clase de recursos de bajo calibre intelectual y el más incalificable es utilizar a una impostora para que se hiciera pasar por mi mujer y tratara de convencerme de que ella siempre se ha llamado María Asunción y que no puede comprender cómo yo la puedo llamar Alma, cuando, en efecto, coinciden muchas cosas en la *realidad*, palabra en la que se recrea y lo que yo cuento sobre nuestras relaciones de infancia y adolescencia. «¿No me reconoces? Soy María Asunción. Alma nunca ha existido. Somos marido y mujer desde mucho antes de que se llevara al cine *Las bostonianas* de Henry James... Mis pechos nunca han tenido ninguna singularidad». ¡Farsante! La obra de Henry James no se llamaba *Las bostonianas*, sino *Los bostonianos*. En su entrega mercenaria a estos burócratas de la salud mental, había llegado a enseñarme incluso el pecho derecho, para demostrarme que en poco se diferencia al izquierdo y que sigue en su sitio. «Que siga en su sitio no es la prueba de que Vd. sea Alma, sino precisamente de que no puede ser ella.» No me contenté con afearle su conducta, puesto que a la vista de que ella no estaba dispuesta a aceptar su fealdad, no tuve más remedio que asaltarla y cogerle el pescuezo anillado de serpiente vieja con unas manos que se me habían vuelto poderosas, como si a través de ellas proyectara la necesidad de matar para vivir que se adquiere cuando descubres el milagro de que no te hayan matado, descubrimiento que da paso al comienzo de la edad adulta, al comienzo de la lógica elemental. Acogiéndose a este arrebato de agresividad que últimamente he repetido en la persona del único psiquiatra que ha quedado a mi cuidado, el argentino lacaniano que siempre vive entre dos cansancios y dos divorcios, así como de todos los que me presentan como presuntos asesinados por mí y que reúnen la coincidencia de gozar de una espléndida salud, me han medicado ferozmente con Axtrinina Compositum a todas horas y electroshocks las fiestas de guardar. Y desde la sensación de fracaso que les trasmite el no haber llegado al último reducto, a la causa última de mi conducta, la palabra lobotomía va y viene entre susurros y la emplean porque saben que es la única que puede asaltar mi fortaleza con la punta de un bisturí alevoso en aprovechamiento del definitivo sueño eterno de Albert DeSalvo. Conozco lo que se esconde detrás del estuche de la palabra *lobotomía* o *leucotomía*. Un simple corte de los haces nerviosos en el lóbulo frontal, que se usa en casos graves de esquizofrenia y estados compulsivos, al parecer sólo utilizado en casos irrecuperables, y nunca mejor dicho, porque ellos son irrecuperables y quieren castrar mi disidencia esencial. Tuve pues que pactar, aplicando ese cerebro posibilista socialdemócrata que todos llevamos dentro como instrumento de recurso entre el Todo y la Nada, y me avine a poner por escrito mis pensamientos cotidianos, especialmente los negativos, inventario de una depresión que me ayudaría a encontrar los pensamientos positivos, el impulso psicológico positivo.

II

Retrato del estrangulador seriamente enfermo

Pero al contar la vida, todo cambia; es un cambio que nadie nota; la prueba es que se habla de «historias verdaderas»; los acontecimientos se producen en un sentido y nosotros los contamos en un sentido inverso.

Jean Paul SARTRE: *La náusea*

1

Con los años, mi mujer ha adquirido rasgos de muchacha suavemente envejecida, en el supuesto de que se pueda envejecer suavemente. Mi mujer se pasa toda la tarde leyendo monografías históricas de Boston, concretamente hoy: *Tipos populares de Boston, siglos XIX y XX* y tricotando. Con la edad se ha vuelto costumbrista o quizá no pueda leerse otra cosa cuando haces compañía a un estrangulador seriamente enfermo, en una pequeña enfermería penitenciaria próxima a East Coker. Sobre la entrada un lema eliotiano: *En mi comienzo está mi fin*. También, como en el poema, ahora cae la luz a través del campo abierto, dejando oculta por las ramas la hundida vereda, oscurecida por la tarde. De vez en cuando mi mujer interrumpe la lectura para estallar en carcajadas y me hace partícipe de las causas de su hilaridad, la estrambótica tipología de Boston presente en la memoria colectiva, demostración clara de que el Boston estrambótico era tan consecutivo y cargado de sentido de la medida como el normal y sólo aceptaba la extranjería de los personajes como parco factor para la hilaridad. A los bostonianos lo que nos haría reír de verdad sería tirarnos pedos o que se los tiren los demás, pero nos reprimimos por buena crianza y jamás se ha visto a un bostoniano tirarse un pedo en público y mucho menos reírse si a alguien se le escapa. Por eso, tal vez, lo que nos provoca la risa franca puede ser considerado bastante estúpido por personas o pueblos sin el don de la medida. Las historias que, tan deliciosamente, mi mujer lee en voz alta, son aperturas para la alegría del espíritu: el italiano de la marmota, por ejemplo, un calabrés que siempre llevaba un sombrero de amplias alas, de copa puntiaguda, lleno de lazos, las piernas cubiertas por polainas de vendas, una corta capita y con este atuendo mixto de campesino y expedicionario garibaldino tocaba un organillo acompañado de una marmota domesticada que sabía bailar al son que le tocaban. ¿Gracioso? ¿Realmente gracioso? ¡Una marmota!... se repite una y otra vez esta mujer y se echa a reír... Trata de que la secunde... Hace quince años que no consigue hacerme reír pero sí sonreír entre estas mismas cuatro paredes, utilizando historias parecidas a las del italiano de la marmota. Por ejemplo: Nerón o el simpático de la patria, Rafaelito el de la manguera, el abuelo del Parque, el gendarme Sietepiernas, Sampablo el desgraciado, el hombre de los perros..., un hombre de piernas tan maltrechas que usaba muletas, siempre acompañado por tres o cuatro perros amaestrados que sabían andar sobre las patas traseras y pasaban por el aro... Se cuenta que en cierta ocasión enfermaron todos sus perros, a riesgo de morir, y él también se puso enfermo, hasta que los perros sanaron y sólo entonces el hombre de las piernas inútiles recuperó la salud. ¡Milagro! ¡Milagro! Milagro del sentimiento. Hace años pedí un perro para que me hiciera compañía. Me lo negaron, por mi bien, como todo lo que hacen, ante la imposibilidad de que un perro sobreviviera dignamente sin salir nunca de estas cuatro paredes, habida cuenta de que yo no puedo acceder al jardín-patio desde que, dicen, intenté agredir a un corruptor de menores que se vanagloriaba de no haber cometido jamás abusos deshonestos con niños y niñas de edad inferior a los once años. Si le agredí no fue por un impulso ético grotesco, sino porque al preguntarle si los abusos deshonestos los realizaba por geometría o por compasión, me contestó que porque le salía de los cojones. Tras mi contundente respuesta, para la que me valí de un lebrillo de madera donde reposaba la colada que estaban tendiendo dos reclusos comunes, antes de ingresar en las celdas de castigo aún tuve tiempo de sostener una conversación con Juan Seisdedos el *Cachas Negras* sobre lo bueno y lo malo en las relaciones entre las personas. «No es que yo sea partidario de los abusos deshonestos con menores, ni mucho menos, como tampoco soy maricón, y si me apaño con algún recluso es por la circunstancia, pero la conducta de los humanos depende de conexiones de cables que no siempre se controlan y eso Vd., que ha sido electricista y fontanero, debiera saberlo.» Lo sabía. Lo sé. Pero exijo que un delincuente habitual, un marginado geométrico, racionalizado, no sólo lo sea desde fuera, no sea razonado desde fuera por la policía, los jueces, los carceleros, la sociedad, sino que también acabe por tener una teoría racional de sí mismo.

Una vez trasladado definitivamente a esta celda privada de la enfermería, me negaron la compañía de un perro y en cambio me toleraban un canario, pero me dan pena los pájaros enjaulados y fui tonto al rechazarlo, porque habría aprovechado la primera ocasión para liberarlo... tal vez no... si liberas a un pájaro doméstico lo más probable es que se lo coma un gato... si dejas en libertad a un gato doméstico, sin duda morirá a los colmillos de un perro desafecto... y un perro doméstico perdido o abandonado será asesinado por cualquier hombre, porque el hombre por muy domesticado que esté, incluso los maridos castrados, no se fía de su mejor amigo, consciente de las maldades que ha necesitado para subyugar a todo el reino animal, del miedo que le tiene cualquier especie, incluidas las serpientes, salvo la víbora que le muerde a lo tonto desde su pequeñez y la serpiente pitón que le considera poco menos que un árbol versátil que se mueve. Sabiamente, los animales comprenden que no pueden esperar otro estatuto humano que ser o asesinados o domesticados, desde el dinosaurio a las ocas del Périgord... Tampoco es afortunado el hombre en libertad, porque siempre hay otro hombre más malvado que acaba comiéndoselo. Y es que no hay vida sin muerte, ni voluntad de vida sin necesidad de matar, aunque sea mediante el lenguaje o el no lenguaje. Las omisiones asesinas.

Omisiones asesinas a veces disfrazadas de lo que los etólogos llaman «la reducción de los instintos», reducción que sólo es altruista en algunos santos, siempre que sean laicos, pero que en el resto de los animales humanos tiene una finalidad interesada. Recuerdo cómo me conmocionó la lectura de *Consideraciones sobre las conductas animal y humana*, de Konrad Lorenz, y especialmente el ejemplo de los cuervos viejos, equiparable al de los seres humanos viejos que cuando cambian de ambiente ya no pueden adaptar su conducta. Los cuervos viejos, si los cambias de jaula, caen en una neurosis de angustia, se desorientan, no reconocen a las personas conocidas y acaban por arremeter contra la tela metálica de la jaula. Han olvidado que no pueden salir de la jaula, como me ocurriría a mí si me cambiara de celda, y sobre todo si me trasladaran a lo que fue «mi casa» o «mi ciudad». Todo lo vivo está amenazado, fundamentalmente por el hombre, y el hombre a su vez es el ser vivo más amenazado por el hombre.

2

Por eso doy gracias a la afortunada combinación entre el azar y la necesidad que me ha rodeado de expertos en conducta humana que están a mi favor y han conseguido dominar mi tendencia a ser un gran estrangulador, tendencia que mueve la conducta de los seres humanos. La principal amenaza contra cualquier ser humano es él mismo y se necesitan intermediarios que te ayuden a rechazarla, como el Estado necesita policías interiores y exteriores para defender su mismidad, que es la nuestra. María Asunción, mi mujer, no parece sentirse amenazada, por lo que a veces pienso, con ternura, si no será un vegetal, siempre contento, que me habla como si yo le respondiera, suponiendo las respuestas que hace años hubieran sido normales en los raros momentos de convivencia apacible. Toda una vida, me dice, ¿recuerdas?, acentúa la presión de su memoria contra mi amnesia relativa, y cuando tiene interlocutores les explica nuestra larga vida en común para que yo la escuche y vaya empapando la esponja de mi memoria con las pócimas de los recuerdos depurados y edulcorados. Su memoria es como una espesa melaza sobre tostadas previamente ablandadas por la humedad de las lágrimas. Insiste en que yo la seguía a sol y a sombra desde la infancia a partir de un momento que ella no puede precisar, ese instante en el que dejé de ser el vecino de la casa de enfrente con el que algunas veces había jugado en la plaza de la virgen más mártir de todas las vírgenes mártires y me convertí en un tenaz mirón de sus movimientos, sobre todo cuando salía a tender la ropa y ella sentía mis ojos en su escote, ¡para lo que había que ver!, comenta desde el pesimismo que le producen las tetas de Tiresias que ahora deben colgarle y que yo siempre me he negado a ver desde que estoy aquí dentro, a pesar de que ella, al comienzo, hace más de veinte años, segura de que era espiada por los carceleros, se levantaba el jersey y me enseñaba descaradamente los pechos, sus pechos de hace veinte años, sin duda más llenos hacia los hocicos, pero ya entonces graciosas mesetas erosionadas en su nacimiento, aunque todavía los pezones se levantaban desafiantes, excitados por el frío atardecer de Nueva Inglaterra. Al comienzo de mi reclusión no tenía otro empeño que demostrarme cuán parecidos tenía los dos pechos y cómo el derecho no era mucho más significativo que el izquierdo. Era evidente. Era una verdad objetiva. Era su problema, pero nunca me opuse, porque adivinaba que la pobre experimentaba una rara satisfacción en demostrarme que tenía las tetas muy normales y casi iguales. Y acogía con toda la dulzura posible sus revelaciones sobre los años en que se cimentó nuestro amor, un amor, como los ojos y los agujeros de la nariz, para toda una vida. «Fuiste un enamorado muy pesado. Recuerdo que era obsesiva tu persecución y tus celos, sobre todo los que sentías por el chico de los Cantijoch, los del almacén de ultramarinos. Aquel cojito. ¿Recuerdas al chico de los Cantijoch? Otro que tal. Se le iban los ojos y las manos detrás de las clientas y muchas le dejaban hacer porque él les daba pena y su madre respeto. ¿Recuerdas a la madre? ¡Qué señora! Con su delantal blanco almidonado y aquellas facciones de Boston Norte... difíciles de encontrar en Boston Sur. Parecías tímido y a las muchachas nos enternecen los chicos tímidos, pero una vez me arrinconaste en una jaula giratoria del parque de atracciones, perdiste la timidez y tratabas de meterme tu rodilla doblada en mis partes, mientras utilizabas una supuesta pérdida del equilibrio para manosearme. Yo era una muchacha muy sensible a la que le daban miedo los hombres y también los muchachos que me seguían como moscones. Sólo confesaba ese miedo a mi diario. ¿Recuerdas mi diario? Tenías celos de él. Mira.» Y me enseña un libro encuadernado en lo que antes se llamaba piel de Rusia, ¿piel humana? Me lo enseña como tentándome a que se lo arrebate. Pero yo me limito a mirar el librito con un interés cortés y a ella con un desinterés amable. «No podías soportar ni que mi madre me llevara al médico, porque decías que sólo quería verme desnuda. Y en cambio, creo que yo tenía más motivos para estar celosa, con tus miradas a la vecina del piso de arriba de tu casa, aquel penquillo sordomudo que se iba a la cama con todos los hombres del barrio.» Algo ha pactado con el psiquiatra que me queda, porque la vecina del piso de arriba es uno de los pocos personajes de mi vida que no ha venido a visitarme, a lo largo de estos años de careos, por mi bien, para que yo alejara de mi mente la absurda idea de que les había hecho el menor daño. Curioso que los únicos personajes que nunca hayan pasado por los locutorios comunes o el de jueces o por la celda, en estos últimos años de bonanza y tolerancia, hayan sido mis padres y la vecina del piso de arriba. Y entre lo poco que recuerdo y lo que me cuentan, me hubiera gustado volver a verla, para comprobar qué se ha hecho de aquellas piernas gloriosas, si han quedado a salvo del agravio del tiempo o se han convertido en troncos tumefactos con las venas arbóreas verdes purulentas marcando el árbol de la muerte que se encarama, piernas arriba hacia los centros reales de la vida. Lamento que de vez en cuando me asalten pensamientos negativos, servidos de imaginarios *ad hoc*, y en cuanto los tengo, hago caso a mis mentores y corro hacia mi agenda de pensamientos depresivos y los apunto, para que luego los lea mi psiquiatra residual, progresivamente con menos ganas, hasta que he comprobado que últimamente ni siquiera reojea mis mensajes desveladores, que sólo me sirven a mí. Recurrir a mi dietario confesional fue el resultado del pacto con los psiquiatras: ellos renunciaban a la lobotomía y yo les tenía al día sobre la curva de mis depresiones.

3

No fue compensación suficiente, aunque sí experiencia agridulce, más agria que dulce hasta el punto que corrí a mi libretita y la hice constar como experiencia negativa, el que trajeran a mi presencia a la mujer del acuchillador de Circo, Telma, ya una patética anciana que me recordaba de niño, decía, y me pasaba el dorso de la mano por mi cara, asegurando que todavía tenía la piel muy fina y que le gustaba besarme las mejillas y mordérmelas cuando venía a probarse al taller de mi madre. Mi mujer contempló esta secuencia con los ojos brillantes, lagrimosos, las manos abandonadas, con la labor sobre el halda, como una silueta perfecta de mujer que se vivifica al revivirse los recuerdos de su amado esposo, incluso aquel otro que fue de niño. Para no molestarla, aproveché uno de sus escasos momentos de distracción para palparle el culo a la anciana Telma por si conservaba texturas de mi infancia, y ni siquiera tenía culo, ni sentido del tacto, porque ni se alegró ni me afeó la travesura. Pocas veces me entristezco incontroladamente, ni me vienen las lágrimas a los ojos si yo no quiero, pero me deprimió la constatación de la decadencia, en los ojos de mi memoria el torbellino de aquel culo cuando se lanzaba al oleaje del *Mambo número 10* en las verbenas callejeras de mi barrio, bajo los flequillos policrómicos de los papelotes y rodeado de la expectación jaleante de los verbeneros que nunca, aseguraban, haber visto unos culos tan oceánicos.

No consigo, a veces, que mi memoria coincida exactamente con la de mi mujer y, así, cuando ella se enternece en la remembranza de mis padres, no coincide esta actitud de hoy con la que emite, difusamente, una porción de la memoria que me queda en estado salvaje y así no recuerdo en labios de María Asunción un fragmento de conversación que tranquilizara a mis hacedores y sí una cierta tendencia a darles lecciones o destruirles, por su bien, eso sí, las escasas seguridades de su pequeñez cultural. Ni siquiera les dejó seguir creyendo que las cazuelas nuevas se frotan con un ajo para que en el futuro no se agrieten o se peguen las comidas. No apreciaba la mediocre pero firme tradición cultural de mi familia y en cambio ponía la de la suya como paradigma de los bostonianos auténticos, cultos, limpios y honrados. Al principio de mi percepción contradictoria, entre lo que yo recordaba y ella decía, trataba de expresarle mi desazón, pero yo noté cuánto daño le hacía la simple sospecha de que había sido una madrastra para mis viejos y opté por no sacar el tema por mi cuenta, con el sorprendente resultado de que con los años María Asunción llegó a decir que no hay nada tan eficaz para dar larga vida a una cazuela de barro como frotarla con un ajo en su primer estado de virginidad. Con el tiempo ha ido encajando en la silueta predeterminada de esposa resignada de un condenado a vigilancia psiquiátrica perpetua y yo la dejo hacer, porque ningún daño me causa mantenerme en silencio y parálisis facial, día tras día, más empeñado en repasar el Diccionario Enciclopédico Ilustrado de Boston del que me han dejado nueve tomos y me han secuestrado el décimo —de Tam a Zyw— así como el destinado a Suplementos. Lo leo. Lo releo y no por rearmarme de saberes, porque mi memoria aunque cautiva y mutilada es en sí misma un diccionario superior, ni por descubrir por qué me lo han dejado incompleto, ya que supongo que algún efecto benéfico, fundamentalmente benéfico, debe reportarme una medida que, como todas las demás, no tiene otro sentido que mi propio bien.

Esta propicia loca rutinaria viene todos los días del año, todas las tardes de los días del año, con la única esperanza de que se lo agradezca, aunque poco mérito podría suponer en quien quiere ayudarse a pasar el tiempo cuando ya no sabe qué hacer con su tiempo. Ahora me permiten asomarme a las ventanas altas enrejadas, y a las tres de la tarde María Asunción desciende del autobús como una reina sólida, con sus piernas varicosas, con su bolsón ocupado por las agujas, la lana, el libro de costumbres de Boston y alguna delicadeza gastronómica cuya elaboración le ha ocupado toda la mañana y que yo pellizco en su presencia para no desairarla, siempre he sido un hombre de natural considerado, pero sólo me lo como decididamente cuando ella se ha marchado, para no excitarle el hambre con mi gula y poner a prueba su nefasta circulación sanguínea, llena de trombos en estado letárgico, pero al acecho. Confieso que ha llegado a enternecerme por su capacidad de introducir variantes a los limitados elementos que componen la cocina de Boston, un auténtico alarde matemático que ella ha resuelto por la simple vía de la combinación entre experiencia y memoria. De un termo color rosa salen todas las gamas de los potajes de Nueva Inglaterra, *clamchowderd* o *corn-chowderd* y también algunos pedazos de bacalao a la bostoniana, el *Boston scod*, las tartas, empapadas con mermelada de alce y el indispensable pan con tomate, sin el cual los bostonianos no sabríamos comer. De hecho cocina también para mis tres hijos, aunque ya no vivan en su casa y de uno de ellos casi nunca sepa dónde para. Cuando habla, teje, comenta, informa, sin el menor temor ni posibilidad de que una locuacidad excesiva por mi parte ponga en peligro su armoniosa verbalidad, adopto un natural receptivo dentro de un límite y sólo cuando algo me contraría demasiado me levanto y doy paseos rápidos, señal que ella entiende inmediatamente, se calla, teje, desteje y mide lo que ha hecho sobre un cuerpo imaginario porque yo me niego a las pruebas, aunque le he aceptado los treinta y cuatro jerseis de diversos tamaños y morfologías que me ha hecho durante estos años. Si me permito, muy de tarde en tarde, estos gestos de desafección, no es por desafección real, sino porque el psiquiatra residual me dijo que era contraproducente ser un receptor siempre propicio y de vez en cuando debía sentirme contrariado, pero dentro de un límite de libertad, sin caer en el libertinaje, que por lo visto está sobre todo muy mal considerado por los psiquiatras y lo interpretan en mi caso como el umbral diferencial a partir del cual mi contrariedad pueda llegar a contrariar a los demás.

4

Ya de niña, me recuerda María Asunción, sabía tricotar muy bien y hacía encaje de bolillos sentada en su balcón, con una lengua obstinada entre los labios, como si de la posición de la lengua dependiera la precisión de su trabajo. El tintinear de los bolillos llegaba hasta mi balcón y yo podía pasarme las horas contemplando la precisión con la que clavaba las agujas, movía los bolillos y el sutil hilo componía espumas de tiempo, mientras tomaba el escaso sol de Boston siempre que podía para conseguir la cualidad privilegiada de ser una muchacha dorada. Pero de las manos de María Asunción difícilmente hubiera salido un jersei cualquiera, resultado de una tenacidad tonta y estúpidamente utilitaria desde que tres veces al año hay rebajas de jerséis en todos los grandes almacenes. Los jerséis artesanales que me hace María Asunción a ojo, aunque casi siempre acierta con las medidas, son, en opinión del psiquiatra, una necesidad psicológica de comunicación por su parte, y el que yo la deje hacer representa un consuelo fundamental que la hace sentirse útil hacia mí. Mi colección de jerséis atrae especialmente al ayudante de cocina, Juan Seisdedos el *Cachas Negras*, sobrenombre motivado porque según sus compañeros de trabajo no se ha lavado el cuerpo entero desde que entró en el centro condenado a treinta años por enterrar en serrín con vida a un carpintero al que intentó robar miserables ahorros y malmató antes de matarlo de verdad en el poco razonable empeño de hacerle desaparecer bajo su propio serrín. Seisdedos tiene algún detalle especial conmigo, porque le gusta la gente de cultura y él hubiera podido serlo de no haber empezado la carrera de delincuente en plena infancia. «Mi madre era puta, para qué emplear palabras más suaves, y mi abuela no podía conmigo. Fui de orfelinato en orfelinato, de pandilla en pandilla de frailes miserables que me quitaron la poca inocencia con la que yo había nacido. Apenas un adolescente, me metí en la Legión Extranjera en un mal momento, porque no había ninguna guerra en perspectiva que llevarse a la boca y sí mucha crueldad en los entrenamientos y en el trato, crueldad que acababa por impregnarte el alma y los ojos, pero no así la memoria, que como Vd. sabe es como una novela trucada que nos contamos a nosotros mismos y en la que a veces admitimos capítulos contados por los demás, si son de nuestro agrado. Años después, ya licenciado e imbuido de que yo era el caballero legionario Juan Seisdedos, una noche, algo borracho, cosas de la juventud, robé un coche y me fui hacia donde mi madre hacía la calle. Aceleré el coche y frené a un centímetro de la vieja. Ella no me reconoció y quería sacarme los ojos, pero a mí me dio por llorar y llorar y llorar y ella también se conmovió y me dio unos dólares para que siguiera emborrachándome, pero en plan alegre.» Sé que haría feliz a Seisdedos regalándole uno de mis treinta y cuatro jerséis, pero junto a la felicidad introduciría el agradecimiento y la protección cómplice, sentimientos a los que no pienso entregarme en los años que me queden de encierro, que serán los mismos que me queden de vida. Porque lo que tendría apariencia de ayuda solidaria sería en realidad cruel sarcasmo, como esas limosnas que dan los conductores de coches lujosos a los miserables que se acercan a las ventanillas para asomar una remota miseria que les agrede.

Mis hijos también examinan los jerséis cada vez que vienen a verme, no sé si para tener algo que comentar o porque les gustan. «Nuestros hijos son tan felices... Tienen tu sonrisa. Tu misma sonrisa.» ¿A qué sonrisa se refiere? Le pregunto con una simple sonrisa, aunque yo recuerdo haber sonreído siempre poco, tal vez porque mi padre, por mi bien, me hubiera mirado de reojo si hubiera sonreído y lo habría considerado una traición de clase y una estupidez racionalista. Desde que perdió la última guerra de secesión y muy especialmente desde el asesinato de Sacco y Vanzetti, mi padre se consideraba derrotado por la Vida y por la Historia. Mis hijos, en efecto, son ejemplares, como mi psiquiatra y mi mujer, incluso sería fácil equivocarse pensando que son hijos del uno y de la otra, porque adoptan la gestualidad de la felicidad, y cualquiera que les oiga se sorprendería si supiera que uno tiene el SIDA, el otro lleva en el cuerpo todavía la bala que le disparó su tercera esposa y el tercero es un vagabundo que viene de tarde en tarde, generalmente cuando no está su madre, para comerse las sobras de las golosinas que ella me trae. Una vez que traté de proteger mi *blueberry pie*, me amenazó con una navaja y se lo comió en mi presencia utilizando la misma navaja. Es graciosísimo e imprevisible, aunque me equivoqué, gravemente según el psiquiatra, cuando creí debía asustarme por su sinceridad navajera, sobre todo porque la dirige teatralmente contra su supuesto padre. «Está Vd. muy peligrosamente equivocado con esta interpretación tan negativa. Su hijo, cuando le enseña la navaja para quitarle una porción de *blueberry pie*, lo hace para recuperar el sentido del juego, aquel sentido del juego de la infancia del que Vd. forma parte, porque Vd. fue un excelente, excelente padre juguetón.» Sin duda tiene toda la razón y el navajero es mi hijo preferido aunque no le quedan demasiado a la zaga los otros dos, el del SIDA porque es un valiente alucinante que presume de enfermedad de moda e incurable y lleva sin tapar un ojo podrido que exhibe desde una valentía y desprecio del qué dirán que yo le envidio, porque de verme en su desdichada situación, yo llevaría el ojo tan tapado como el sexo. El separado de la mujer quiso ser actor y se ha formado en el Actor's Studio, lo que le ha dotado de un juego completo de silencios y miradas al cielo mientras rasca cualquier pared con una uña enlutada y todo para expresar su angustia porque su mujer ha encontrado a alguien que se corta, se limpia las uñas y además tiene la polla más larga que la suya, desde la ignorancia que caracteriza a las casadas supuestamente emancipadas que se dejan seducir por el mito de la polla larga, tan seriamente en entredicho por los actuales sexólogos de raza aria. Cuando me habla, es decir, cuando habla, sólo es capaz de urdir una frase: «Todas las mujeres son unas putas, ¿no es verdad viejo?». Y lo dice valiente, sinceramente, sin empacho, a pesar de que su madre esté delante, tricotando, aparentemente desentendida, insistiéndose en que nuestros tres hijos son ¡tan felices! Estos muchachos han envejecido, ¡ay de mí!, hasta el punto de que les concedo algunas de las consideraciones que normalmente se tienen con los viejos: les cedo la única butaquita que hay en esta celda y cada vez que se van les meto en los bolsillos una bolsita de nueces descascarilladas que compro en el economato. Pero no les hablo nunca. Desde hace diez años he decidido ser consecuente con los placeres de un autismo bien entendido, pacífico, constructivo y aprecio que se me hable o que se monologue en mi presencia, pero me traicionaría a mí mismo si cayera en la complicidad de la conversación. Si alguna vez dos de ellos, los que han procreado, han insinuado la posibilidad de traer a *mis* nietos, sé que he de levantarme, pasear aceleradamente y resoplando para que la insinuación no prospere y cambien de conversación. Si no se dan por aludidos, rompo algo. Con este proceder les manifiesto que me incomodan y me respetan, sea por geometría o por compasión, es decir, por racionalidad o por sentimiento. Bien aleccionados, saben que todos los hijos de padres asesinos de importancia tienen una gran admiración por el padre, independientemente de los daños directos o indirectos que les haya causado esa afición o ese don. Éstos generalmente recuerdan en voz alta escenas en las que desempeño el papel de padre amantísimo, especialmente las visitas a la casa museo del profesor Dotras, tan llena de objetos Déco, con esa voluntad de misterio que tiene el Déco, un arte máscara de la nada, un arte de parque de atracciones y para la escenografía de las películas americanas de la serie B, un arte que como su nombre indica es sólo el decorado de la supuesta inquietud creadora, salvo en el caso de Klimt, dudosamente definible como Déco. Los chicos iban de nuestro mundo de objetos rigurosamente utilitarios y baratos, buena parte de ellos heredados de mis padres y mis suegros, con la excepción de los libros y los discos, a la casa de Dotras, abierta si atravesaban el espejo de un salón decorado con muebles Déco de segunda o tercera vida. Entrar en el santuario de Dotras significaba descubrir que el espacio humano es lo que resulta de la ordenación de las personas y los objetos con significación, con mismidad. En nuestra casa, nosotros éramos la medida de todas las cosas mediocres, pero en la de Dotras los objetos y ornamentos singulares les descubrieron el papel del arte aplicado a la vida. El profesor Dotras también les daba nueces, nueces Déco, garrapiñadas. Y en su nostalgia evocadora y provocadora a la vez, también me recuerdan cuando les paseaba por las crestas de los acantilados de East Coker jugando con cometas que yo les construía con papel encerado y cañas o les hacía volar a ellos mismos, sus manos en las mías y el cuerpo planeando sobre el vacío y los mares de Nueva Inglaterra. «¡Yo tenía un miedo! —comenta mi mujer con media sonrisa, siempre sin dejar de tricotar—. Pero confiaba en tus manos grandes y fuertes. A ellos les entusiasmaba: ¡nuestros hijos siempre han sido tan felices! A veces pienso por qué mi familia hubiera querido que me casara con el cojito, Cantijoch. Mi familia le prefería porque estaba bien situado y su estirpe se remontaba a los pioneros del *Mayflower*, por vía más o menos directa. En cambio tú tienes sureños euro-africanos en tu árbol genealógico. Muy, muy del sur. A mi familia les inquietaban los sureños, porque suelen ser más oscuros que las gentes del norte, pero creo que elegí bien. Además, el pobre Cantijoch acabó sus días con un solo riñón, diálisis día sí día no. ¡Qué calvario!»

5

La muerte natural de Cantijoch ha impedido que me lo trajeran de visita, desde ese extraño celo de traerme constantemente a las ya hoy sombras humanas de mi recuerdo. Doy por recibido el halago desinteresado de que María Asunción prefiera haberse casado con un estrangulador que con un hombre tan próximo a la fortuna como el cojito del colmado. ¡Condición humana! Cantijoch acabó mal, a pesar de todas las nueces que se comió y del trato tan entregado que le dispensaban las clientas de su madre y los profesores de nuestro colegio. Al pobre profesor Dotras me lo trajeron casi moribundo, en una ambulancia, para que me mirara, sentado en una silla de ruedas, cabeceara, reprimiera el instintivo ademán de darme una bofetada de piedra mientras musitaba con los dientes apretados: «¡Muy bonito Cerrato! ¡Muy bonito! ¿Así paga Vd. los sacrificios que hicieron sus padres para darle una educación y sacarlo del Sur de Boston? ¡Su pobre padre en calzoncillos para darle estudios y Vd. estrangulando como un loco! ¿He perdido el tiempo pensando que había sido el mejor alumno que jamás he tenido, el único digno de sostener conmigo una conversación sobre Art Déco? Y en la cárcel, por malo, no por nada constructivo como tratar de cambiar la Historia, aunque malditas las ganas que tiene la

Historia de que la cambien!». Su indignación de anciano moribundo se convirtió en estertor rabioso cuando en uno de los lentísimos giros de su cuello pudo ver la reproducción de *Danae* de Klimt en la pared. «¡Insiste en ese advenedizo!» Genio y figura hasta la sepultura, por eso lloré sobre su moribundez, al tiempo que llevé mis manos a su cuello por si podía abrirle el paso del aire de la vida o, quién sabe, cerrar el paso al aire de la muerte. Mi mujer empezó a lanzar gritos, tan asustadiza siempre ante la simple mención de la palabra muerte, y a sus gritos acudieron mis guardianes, quienes me persuadieron de que ya nada podía hacerle, ni bueno ni malo, al profesor Dotras y que por lo tanto le retirara las manos del cuello.

Tras la accidentada visita-agonía de Dotras, se renovaron las sesiones especiales con mi psiquiatra residual. Tras muchos años de llevar detrás de mi sombra a docenas de psiquiatras que han prosperado gracias a las ponencias que han redactado sobre mi caso, sólo me atiende uno que fue exiliado argentino, no recuerdo con respecto a qué situación política, y ahora sobrevive como exiliado interior por más que le hayan dado la nacionalidad bostoniana. Desde que se la han dado ha aumentado su sensación de exilio y de vez en cuando intercala tangos en la conversación y en los informes técnicos, aunque muchas veces me ha dicho que detesta el tango. Es un hombre muy depresivo, cargado de problemas familiares —tiene un hijo que le pega— y se ha separado varias veces. «Padezco una inhibición captativa sin remedio», se autodiagnostica, a la espera de que le compadezca o le asesore, pero me limito a escucharle y él se explaya hablando de sus problemas durante horas y horas, demorando desde hace dos años la redacción de un informe sobre mi estado actual que le ha pedido mil veces el Gran Consejo Psiquiátrico penitenciario, dirigido por Dieterle, un excelente profesional que hizo más llevadera mi reclusión a base de tests y en ocasiones de electroshocks porque tiene un ramalazo conductista muy pragmático. Pero así como Dieterle era un trabajador infatigable y el clásico científico racionalista en todo lo que hace, en nada parecido al prototipo del profesor chiflado o distraído, mi psicoanalista ex argentino es uno de esos animales entrañablemente dubitativos que jamás se afiliarían a un club que les aceptara como socios. «Me sobran las horas, señor Cerrato, y no tengo tiempo para nada. Soy un desordenado. Me cuesta concentrarme. ¿Para qué? La finalidad de los actos... ¿Por qué los actos deben tener finalidad?» Sería más correcto plantear por qué... para qué tienen finalidad, pero sería insolidario sostener que cada palo aguante su vela y ¿qué sentido tendría mi ética de autista constructivo si no me asomara a las almenas de mi fortaleza para comprender y aliviar las tribulaciones de los otros? Pero sería falsa bondad conceder a los otros el beneficio de la compasión, sin darles también el de la geometría. Si recibo a este brujo también es porque me sirve de material de estudio, por geometría, además de la compasión, y me complace que yo sea su última esperanza de hacer algo útil en la vida, recibir la protección de Dieterle y dar un pequeño salto en el escalafón que le iría mucho mejor para su nivel de vida que para el nivel intelectual. Además, después de esta abnegada Penélope que teje y desteje, es el visitante más constante y dependiente que tengo. Poco a poco han ido escaseando las visitas y, en crisis la antipsiquiatría, los psiquiatras postmodernos son unos deliciosos neoliberales eclécticos que utilizan indiscriminada y a veces caóticamente las pastillas, el diván, las estadísticas y la bienintencionada tortura conductista. No añoro a los psiquiatras o los psicoanalistas, claramente diferenciados, que tanto abundaron en mis primeros diez o quince años de encierro, aunque algo más a Laing por el que sentía primero curiosidad, y luego franco agradecimiento porque me dedicó un poema precioso que me venía como anillo al dedo, y a Nietzsche como horma para sus monstruosos zapatos: «Señor DaSalvo —siempre se empeñó en llamarme DaSalvo para demostrarme una complicidad que le separaba de sus colegas—, Nietzsche ha dicho: *Podemos hacer lo que queremos. Pero no podemos querer como queremos*». Y yo le corrijo en estos versos que le dedico a Vd., desdichado amigo, con todo mi corazón:

Ningún hombre es libre
Hay quienes no son esclavos ni del hombre
ni de la mujer y ni siquiera son esclavos de Dios.
Imaginan ser hombres libres.
Son los esclavos del diablo.

Reconforta que científicos de la conducta tan avanzados admitan la dualidad fundamental entre el bien y el mal a través de dos imaginarios irreconciliables: dios y el diablo. Añoro los careos que ocuparon la instrucción de mi sumario durante diez años. No se cansaban de enviarme a la contorsionista Von Rössli, a mi profesora de francés, a la de prácticas de griego, incluso me trajeron a Muriel, una compañero de estudios que tenía una boca muy bonita, como una flor ávida integrada con voluntad de ser carnívora de toda la belleza de la Creación. Recién llegada a Boston como repatriada de la Cruz Roja polaca tras la caída del muro de Berlín, me ayudó a reconstruir nuestra convivencia en las aulas, así como datos físicos míos de difícil saber, por ejemplo, que en aquellos años me habían salido unos granitos en la frente y que le regalé una rosa y un libro de poemas de Hölderlin. Me contó que había sido muy desgraciada más allá del Bósforo y que su amante checa —¡Dios mío, Muriel es lesbiana!— había resultado ser una interesada que le sacaba el dinero para alimentar a los hijos habidos con un entrenador rumano. *Nihil ego, quod nullo tempore laedat, amo*. No amo lo que me hace sufrir. Me dijo. Precisamente una de mis profesoras predilectas, la de lenguas clásicas, ya ha muerto, y confieso que añoro sus visitas porque las dedicaba a explicarme un estudio, el estudio de su vida, sobre los viajes en la mitología griega que convencionalmente se reducen al de Ulises y el de Jasón en pos del vellocino de oro y ella en cambio se había especializado en los viajes órficos y muy especialmente en aquel híbrido que fue *Sir Orfeo*, mezcla de la silueta del cantor tracio en busca de Eurídice y del caldo de cultivo de la mitología anglosajona. Sir Orfeo, nada menos que un rey de Inglaterra, descendiente de Plutón por parte de padre y de Juno por parte de madre, maravilloso solista de arpa, habitante de Winchester —Tracia británica— y casado con Dama Herodis, la Eurídice del mito órfico original. La profesora me leía fragmentos de su tesis y me recitaba estrofas del delicioso comistrajo bastardo. Traducía como una doctora en clásicas, sin demostrar ningún contagio ventajista de los insignes poetas traducidos, Catulo y Ovidio los más grandes. La profesora de la cérea piel se empeñaba hasta la extenuación en establecer complicidades que me inspiraran confianza, y me hablaba como si el tiempo no hubiera pasado desde que me vigilaba durante los exámenes o me hacía traducir en voz alta los fragmentos de *La Ilíada*, con voz de barítono, exigía, porque es la que más le va a lo griego. Recordaba con una ternura excesiva e inmerecida cómo durante una clase que dio en sustitución del profesor de latín, y aunque estaba mal visto por el todo Boston, me dejó escoger poeta y poema para el comentario y fue Catulo mi elección, concretamente el poema XXXIX, en el que comenta que los celtíberos están acostumbrados a limpiarse los dientes con orines. Vale la pena releerlo en estos tiempos en que los medios de comunicación tratan de poner de moda a España, nación estado casi isla, situada entre Boston y Samarcanda, que tuvo en los celtíberos el sustrato racial original más estable. Catulo increpa al celtíbero Egnacio que ríe sin ton ni son, sólo porque goza de una hermosa dentadura blanca e igual le da una boda que un entierro, Egnacio ríe:

> Si fueras de Roma o sabino, o tiburtino o un austero umbro o un obeso etrusco o un lanuvino moreno y de buenos dientes, o transpadano, para citar también a mi gente, o de dondequiera que se laven limpiamente los dientes, no quisiera que estuvieras riéndote continuamente, pues nada hay más necio que una necia risa. Pero eres celtíbero; en tierra celtíbera, con lo que cada uno meó, suele fregarse por la maña-

na los dientes y las encías hasta enrojecerlas. De modo que cuanto más brillante está esa dentadura tuya más meados proclama que has bebido.

Por otra parte Catulo tenía una percepción demasiado naturalista de los orines, nada simbólica, aunque resulte difícil aceptar que orín viene de *ur*, fuego en caldeo, y algo de virtuoso tenía la orina cuando los alquimistas le atribuían fuerza de fuego interior y la empleaban en la búsqueda de sus utopías, entre ellas el oro artificial. ¿Y no son de oro los flujos de los orgasmos de las mujeres de Klimt?

6

Ni la profesora de griego, ni la Von Rössli derivaron sus conversaciones hacia lo que a mí, de vez en cuando, me parecían haber sido nuestras experiencias íntimas. La Von Rössli me tranquilizó al jurarme que yo me había limitado a asistir a una lectura en su casa, salón literario en torno de un poeta púnico algo tartamudo y tacaño que debía buena parte de su poesía a los préstamos que se tomaba, sin permiso, de todo el patrimonio poético universal. «Ni siquiera reparé en Vd. durante la velada... Aunque no es difícil porque todo el mundo estaba fascinado con Asdrúbal, uno de los mejores poetas de su generación. Fue una reunión maravillosa, llena de amantes de Asdrúbal adúlteras y de poetas homosexuales secretamente enamorados de él y de los que una buena parte ha exterminado el SIDA. Esa enfermedad infamante ha sido una venganza de este Papa de Roma, polaco, contra las generaciones promiscuas de los mayos de los años sesenta. Recuerdo que Asdrúbal recitaba de perfil, con los cabellos ya algo canosos, ensortijados y una barbita de trotsquista, con el codo apoyado en aquel frigorífico Art Déco que aún conservo y que pienso legar al MOMA de Nueva York porque es el único museo del mundo que se lo merece. Vd. también es poeta,

me han dicho. ¿Le molestaría enseñarme sus versos?»
Sí. Me molestaría, porque con los años he descubierto que la poesía es una peligrosa arma de futuro, ya que sólo puede apostar por futuros perfectos y los futuros son, por naturaleza, imperfectos. También porque la señora Von Rössli insistía en glorificar al poeta tartamudo y tacaño que en cierta ocasión me invitó a un bocadillo mientras él se preparaba para ir a comer a un buen restaurante con profesores extranjeros que le cambiaban traducciones de poesía, ponencias en revistas comarcales y citas entusiásticas por invitaciones a los restaurantes más caros de Boston. Confieso que le he absuelto, porque cada cual se busca la vida como puede, pero tampoco puedo reprimir del todo mis antipatías fundamentales y por eso las transcribo inmediatamente al dietario, por lo que pudiera pasar.

Tanto la profesora como la Von Rössli, al colaborar primero con mis psiquiatras y luego con mi psiquiatra único, me ayudaron a recuperar la coherencia de mi relato, ofreciendo la racionalidad de nuestras relaciones en abierto contraste con la irracionalidad de mis fabulaciones antes de que me plantearan el dilema de o la autocontención o la lobotomía, arreglándome el cerebro para siempre. Jamás he querido quitar importancia al libre albedrío, pero las cicatrices que observo en la frente de la mayoría de los seres humanos, cicatrices que al parecer sólo yo veo, me indican cuán afortunados hemos sido de vivir en unos tiempos en que las anormalidades asociales de la conducta pueden ser corregidas por la ciencia, bien sea mediante la persuasión en todas sus formas, bien sea mediante el bisturí, y se avecina una síntesis perfecta entre la persuasión mediática o explícitamente represiva y el bisturí: el rayo láser que ya se ha experimentado en algunas operaciones quirúrgicas de vísceras y en conciertos de música pop. Normalmente ésa era la pauta a seguir por todas mis supuestas víctimas, muertos que gozaban de una envidiable salud para mi tranquilidad de espíritu y la de mis carceleros, quienes desde una exquisita discreción no quieren revelarme el motivo por el que estoy condenado a cadena perpetua en una enfermería penitenciaria.

La profesora de francés, en cambio, me manifestó su pesar porque nuestras relaciones no se parecieron en nada a las que yo había fabulado en mis momentos de delirio. «¿Por qué no me avisó de que Vd. tenía alma de estrangulador? Si he de serle sincera Vd. me parecía un escolar irrelevante, que pronunciaba el francés con acento de Boston Sur e incapaz de memorizar tres versos decentes. Mis relaciones sexuales con un estrangulador de Boston adolescente hubieran sido memorables... lo serán desde ahora, aunque imaginarias y cuando ya sólo me queda la memoria del sexo. Mis amantes han envejecido y deduzco que yo también. Mi agenda ha envejecido. La de ellos también... Ya todo estaba escrito en los versos de Baudelaire dedicados a las viejas:

> *Honteuses d'exister, ombres ratatinées,*
> *Peureuses, le dos bas, vous côtoyez les murs;*
> *Et nul ne vous salue, étranges destinées!*
> *Débris d'humanité pour l'éternité mûrs!*»

Confieso que la posición de esta mujer me conturba, pone en cuestión el pacto entre caballeros con mis psiquiatras y así lo hice constar en el dietario, con el resultado positivo de que, advertida la profesora de los desmanes que causaba su libérrima moralidad, ha cambiado de moral en mi presencia, y los máximos excesos que comete se reducen a cantarme canciones de Edith Piaf. Cuando le informo de que desde mi estatura biológica y social la veía como una señorita en busca de emociones morales fuertes en una misión cultural en el Sur de Boston, me dice que esta presunción la habría culpabilizado hasta hace muy poco, pero que desde la caída del muro de Berlín, las personas y las cosas vuelven a regirse por las leyes naturales. «¿De verdad era tan señoritingo mi aspecto? Mi madre era una señorita, es cierto, pero mi padre se hizo a sí mismo, de humilde albañil llegó a gran empresario de la construcción y se ahorcó con sus propias manos y su propia cuerda después de una estrepitosa suspensión de pagos. Sus orígenes humildes le jugaron la mala pasada de un complejo de culpa ético. Por eso yo daba clases de francés en aquella horrible academia, a aquellos horribles niños que habían engordado mal, como fruto del miedo a estar delgados y tuberculosos, aquellas sonrisas pálidas, doblemente tétricas si eran rubias... Y pensar que Vd. era uno de ellos, pero que llevaba dentro a todo un estrangulador de Boston. ¡Me encanta que Vd. crea ser el estrangulador de Boston! Aunque no en la medida en que a Vd. le habría gustado. Siempre hay un desfase entre la realidad y el deseo.» Los pijos siempre hablan igual. Para ellos la realidad es una lata y el lenguaje su representación, sea el pijo un heredero de casa bien bostoniana o un apéndice intelectual del Círculo de Viena y de los más refinados filósofos de la ciencia. He de tener cuidado con la influencia nefasta de tan gratuita sinceridad.

7

El desparpajo de estas intelectuales orgánicas del orden psiquiátrico-social fue tan estimulante que consiguió paliar el mal sabor de boca que me dejó el careo con mi prima, la casadera sobada que volvía a mi vida desde la mediocridad caldea de su aldea, por muchos tractores que hubieran sustituido a las vacas y muchos bonos del estado que almacenara su marido latifundista en tierra de minifundistas. Estaba aterrada por los recuerdos que le obligaban a tener, y cuando los interrogadores preguntaban si eran ciertas las escenas eróticas que yo había explicado, se tapaba la boca con una mano, me miraba con ojos asustados y no decía otras cosas que: «¡Señor! ¡Señor!», «¡Yo quiero irme a casa!» «Nunca imaginé que mi primo fuera un monstruo así...», y me dedicó esa mirada de campesina que ve por primera vez el mar fascinada, deseando los monstruos abisales que almacenan los mejores mares. Recientemente supe que mi prima había muerto de accidente de automóvil, de un automóvil carísimo, un Jaguar para ser más exactos, que se había comprado porque había visto en la tele que era el utilizado por Lady Di, su ídolo femenino, prueba evidente de que el campesinado no está preparado para el shock de la modernidad. No se conmoverá el mundo por su pérdida, ni este sumario en el que los figurantes más preclaros, algunos hay, lo son por la irrelevancia de los demás. Pero sí se conmueve mi memoria, porque desde la placidez de espíritu que me da el haber reencontrado un sentido moral no a lo que hago, que poco puedo hacer, sino a lo que no hago, yo hubiera querido hablar con mi prima de otras cosas, de la familia por ejemplo, o de la geografía del profundo Sur que habíamos compartido en algún momento de nuestra infancia.

La reacción de una pobre campesina enriquecida era disculpable, no así la de las dos críticas de arte que me defraudaron completamente porque se negaron a admitir sus posiciones de antaño, que yo, esta vez sí, recordaba con toda claridad. La que había sido formalista se negaba a reconocer su pasado sectarismo y la informalista igual, desde la peregrina intención de que nos creyéramos que siempre habían estado abiertas a todas las corrientes artísticas. Menos mal que encontré el apoyo de María Asunción, de mi hijo el navajero y del psiquiatra argentino que, molestos por la petulancia de las damas, sospecharon inmediatamente que eran unas tránsfugas de la estética y las pusieron en evidencia ante mi silencio tan displicente como desarmado.

Para mi vergüenza, aunque se me encareció, sin yo pedirlo —ni hablo, ni pido nada, porque el autismo tiene sus requisitos deontológicos—, que ni mi mujer ni mis hijos sabrían nada, me trajeron a una puta que yo había mencionado en mi delirio, morosamente, en una alargada descripción de los preparativos de su estrangulamiento. La puta estaba a la altura del desafío, pero fue perdiendo altura y circunstancia año tras año, interrogatorio a interrogatorio, sumario a sumario —porque yo he ido recurriendo cada vez que el resultado era insatisfactorio—, a medida que se iba quedando calva, desdentada y sin esquina en que apoyarse, debido a que la reforma urbana de Boston con motivo de los Juegos Olímpicos había significado el derrumbe del barrio de las putas ostensibles y pobres y se habían quedado con el culo al aire, sin pared en que apoyarlo, desde la que hacerse fuertes para mover el mundo y pregonar la salmodia del ¿quieres que te haga felíssss...? Como toda puta vieja de casta tenía muy mala leche y no paraba de insultar a los que la habían metido en el absurdo trance de reconocer a uno de los miles de clientes que había tenido desde su tierna experiencia de criadita preñada por un puritano bostoniano casado con una senadora del Opus Dei de Nueva Inglaterra. De la puta sólo recibimos desplantes y minutas, era una auténtica profesional y no quería perder el tiempo, y conociendo lo que pagan en dietas las instituciones públicas, le era más rentable hacer la calle el tiempo que dedicaría a venir hasta aquí, soportar mi silencio y blasfemar. Confieso que cada vez que cae en mis manos un diario voy directamente a la sección de sucesos por si sale la puta, muerta en alguna estación de metro o acuchillada por algún sádico. Por desgracia, no puede tener otra muerte una mujer que te mira de arriba abajo y te dice, si está de un humor pasable, que no puede recordar a todos los pichacortas que se han corrido en su presencia antes de quitarse los calzoncillos.

Y en cuanto a los personajes, vamos a llamarles institucionales, como el secretario general del Partido Comunista y el editor supuestamente asesinados, el primero, en el transcurso de las primeras reuniones, tras hablarme pestes de los comunistas, consiguió convencerme de que nunca lo había sido, ni siquiera cuando era secretario general del Partido Comunista de Boston: «Cuántas veces, camarada Cerrato, pienso en aquellos tiempos en que me engañaron y me nombraron secretario general de un partido comunista lleno de comunistas acérrimos, bastos, dogmáticos, sectarios y sin la menor sutileza. Desde la perspectiva que me daba mi elevado cargo, me planteaba: ¿cómo es posible que la gente se trague tamañas ruedas de molino? ¿Vd. puede comprenderlo? ¿Recuerda aquella majadería metafísica de la Dictadura del Proletariado? Si se hace la revolución, como en la Unión Soviética, y el proletariado, teóricamente, ocupa el poder, ¿para qué necesita una dictadura sobre sí mismo, ejercida en función de la Santísima Trinidad: clase única, partido único, estado de clase? Yo tenía ganas de decir que la revolución no existía, desde esa posición privilegiada que permite al Papa de Roma saber que Dios no existe —que Dios me perdone— y al secretario general de cualquier partido comunista en el poder descubrir que la revolución es una idea platónica. Pero si yo hubiera desvelado mis reales creencias, ¿cuánto tiempo hubiera seguido siendo secretario general? Habría caído en desgracia. Me habrían eliminado o enviado a una fábrica de corchetes en Polonia porque era un país muy reconsagrado y lleno de vírgenes más influyentes que los dirigentes del partido. Yo mismo he enviado a muchos compañeros de dirección depurados a fabricar corchetes a Polonia porque era un país lleno de futuros papas anticomunistas, o a construir los diques más problemáticos de todos los planes quinquenales de los países socialistas. De no haber actuado así, habría sido acusado de debilidad. Los comunistas siempre han sido muy vengativos y especialmente crueles con los secretarios generales caídos. Recuerdo con rubor mi lenguaje de aquellos tiempos y el que les inculcaba a mis hijos, que tenían prohibido hablar con un sentido posesivo de las cosas. Por ejemplo, a mi hijo pequeño le hice escribir mil veces «La propiedad privada es un robo» porque decía *mi* goma de borrar o *mi* enciclopedia o *mi* plumier, cuando lo ético y a la vez científico y revolucionario era decir: la goma de borrar de la que me sirvo o el plumier que utilizo. Pero cuando se ha sido secretario general de un partido comunista, cualquier otro oficio sabe a poco. ¿Se imagina Vd. al Papa, degradado y ejerciendo de maestro organista en cualquier iglesia, aunque sea una iglesia de las mejores de Boston? Cuesta mucho salir del círculo cerrado del poder inútil aunque sea absoluto o del poder absoluto aunque sea inútil». Había pregonado que recuperaría el oficio de capador de ganado de su adolescencia y fue muy elogiado por las derechas que veían con buenos ojos que sus antiguos antagonistas se reinsertaran socialmente mediante algún trabajo útil, después de tanto tiempo de ganarse la vida asustando a burgueses. Pronto fue convocado por las principales universidades del sistema capitalista —para empezar todas las de la Liga de Hiedra de Nueva Inglaterra— para que explicara los horrores de su pasado y cómo llegar a la verdad a través del error. Un ex secretario general del Partido Comunista convertido en anticomunista estuvo tan cotizado en sus apostasías y reniegos que se le notaba progresivamente enriquecido a cada visita, porque más allá de los careos obligatorios continúa viniendo a verme y dice sentir una gran curiosidad por saber los mecanismos lógicos que me habían llevado a asesinarle. «Es obvio que no lo consiguió. ¿Estaba Vd. al servicio de la KGB o mataba por matar?» Últimamente le veo muy achacoso y dubitativo, bien sea porque sus conferencias de apóstata o renegado ya no las necesita el enemigo de clase y sus conferencias se cotizan a precio de conferencia de sociolingüista, o porque a medida que envejece va recuperando sus perdidas razones o adquiriendo nuevas razones escleróticas para ser comunista y desconfía de las ventajas de la sociedad abierta. «Es sorprendente, Cerrato, pero la caída del comunismo ha desorientado al capitalismo y el capitalismo desorientado es capaz de todo. ¿Qué le parece si vuelvo a fundar el partido comunista de Boston? Sería un partido *heavy*, clandestino, organizado por células, bajo la estricta dirección de miembros de la clase obrera, lleno de martillos y hoces, dictaduras del proletariado, planes quinquenales, esculturas épicas, clasicismo socialista del bueno. Se me hace la boca agua. Y creo que eso tiene su público. Me lo han comentado muchos especialistas de marketing e incluso las derechas más deprimidas me lo agradecerían porque desde que no pueden ser anticomunistas han descubierto que no son nada. Un banquero de Boston, miembro de la Trilateral, me lo ha solicitado como un ejercicio de higiene social al servicio del Nuevo Orden Internacional.»

8

En cuanto al editor, me propuso publicar mis memorias, siempre y cuando fueran controladas por un consejo asesor psiquiátrico, porque una cosa es la escritura de un loco y otra la del que se finge loco. «Creo, como Jaspers, que cuando el artista atraviesa el límite de la razón para llegar a la locura, pierde la genialidad. El genio es una cosa. La locura, otra...» Me sorprendió que supiera quién había sido Jaspers en un tiempo en que nadie le recuerda, pero debió asimilarlo en una etapa receptiva intelectual. El psiquiatra flanqueó su petición, desde la seguridad que le daba el equilibrio entre delirio y abulia conseguido por una de las mejores lobotomías metafóricas que se habían hecho en Nueva Inglaterra desde la practicada al senador Edward Kennedy después del desgraciado accidente en el lago, que le costó la vida a su secretaria, mientras él ganaba la orilla gracias a ese *crawl* con el que nadan las mejores familias de Massachusetts. Otro figurante intelectual orgánico, la misionera, puso en evidencia que era imposible que yo la hubiera asesinado al recuperarla como anciana voluntaria olímpica especializada en atletas del Tercer Mundo disminuidos físicos y psíquicos, condecorada durante los Juegos Olímpicos de Boston como si se tratara de una madre Teresa de Calcuta del olimpismo. «Es lo único cierto de cuando Vd. dice y no consigo recordarle de niño, aunque no he olvidado aquel Congreso Eucarístico tétrico, tenebroso, desde la perspectiva luminotécnica que me aportó el Concilio Vaticano II.» Ahora milita en todas las organizaciones de la llamada nueva cultura crítica y colecciona tarjetas de crédito ético de Amnistía Internacional, Greenpeace, Médicos sin Fronteras, SOS Racismo, Mujeres maltratadas, Madres solteras, Homosexuales vergonzantes y un largo etcétera. Sólo una presencia de ánimo robustecida por la consideración de estas gentes pudo ayudarme a resistir el asedio de los fantasmas del pasado. Me enseñaron una epístola que yo había dirigido al profesor Dieterle, el padre de todos los psiquiatras, presidente del Alto Consejo Psiquiátrico de Boston, en la que denunciaba el círculo vicioso establecido en función de la arbitraria relación entre los locos y sus loqueros. «Una sociedad en la que se confirma que el hombre es un loco para el otro hombre, necesita intermediarios para que los no fuertes sobrevivan, y de ahí la industria de la abogacía, los asesores de impuestos, los investigadores privados, los líderes de opinión y los psiquiatras. El picapleitos te guía por la procelosa selva leguleya llena de jueces comprados con dinero o con prejuicios, arbitrarios descodificadores subjetivos del espíritu de las leyes. Los asesores de impuestos son la policía del espíritu del estado llamado asistencial, sin que sus asistencias vayan más allá de conservarte vivo para procrear, matar, producir y morir. Los impuestos son la prueba de Dios de la democracia formal, el instrumento del Estado Gran Inquisidor laico para conseguir la conciencia de culpa como aglutinante social. Los investigadores privados son consecuencia de lo lobunos y poco fiables que suelen ser los investigadores públicos, también llamados policías. Los líderes democráticos son las lenguas bífidas, ambiguas de El Gran Hermano democrático, dictador de la verdad mayoritaria, hegemónica en el mercado de la verdad. Y en cuanto a los psiquiatras son los peores, en su mismidad y en su función de intermediarios con uno mismo, reflejos de la impotencia de la voluntad de la razón para comprender la propia alma.»

Afortunadamente, nunca contestaron mi desestabilizadora homilía, y si en aquella ocasión me pagaron con el silencio, luego me han obsequiado con la destrucción racional del inventario de mis estrangulamientos. También tuvieron la delicadeza de no traer a mis padres, no ya por lo violenta que hubiera resultado la situación para los pobres, sino por la perturbadora, depresiva emoción que habrían experimentado ante la sensación de destierro esencial que comunicaban. Tampoco han insistido demasiado en superponer la presencia física de esta mujer que teje y desteje sobre mi ensoñación secreta, antes tan vívida y ahora cada vez más una sombra parapsicológica, a la que llamo Alma.

Cada vez que vuelve la sombra, se lo confieso al psiquiatra y no le hace ascos a que la deje conformarse, siempre y cuando transcriba cuanto le he dicho en mi dietario de las ideas negativas. La última vez que se me apareció, escribí en mi dietario: «Me gustaría, Alma, regresar a nuestro ámbito para matar definitivamente los recuerdos y recobrar la vida, detrás incluso de los rostros que se interferían como un paisaje humano demasiado convencional. Del fondo de un océano horroroso, cruelmente oscuro, suben las submarinas voces de los ahogados, de los muertos que sólo yo recuerdo, como si provinieran de una cinta mal grabada en la precipitación del naufragio, quejas son por el inminente silencio que se impone como una espesa melaza sólo dulce en las apariencias. Y en el recuerdo, Alma, eres una muchacha dorada en perpetua puesta de sol, anaranjados tus pechos en el escote lamido por el atardecer, como ofrecidos a las ventanas inciertas donde agonizaban los mirones asidos al timón del fueraborda de su propio deseo, en la hipocresía displicente del patriarca, ¿cómo tan tarde?, ¿para eso malgasto mi vida trabajando de sol a sol?, ¿así pagas todo lo que hacemos por ti? Sin duda la vida ha muerto para ellos, entre aquellos cuatro horizontes de ladrillos, cruz variable, crucifixión inevitable, gire hacia donde gire la cruz desde su centro, con voluntad de rueda, de rosa, de universo. Incluso el horizonte, cuando te veo en él, está detrás de mi vida, no por delante, y es sólo una palabra que conduce al miedo, como si engullera y disuadiera de cualquier esperanza no ya de eternidad, sino de fijar el presente como un limbo donde esconderse de nuestros perseguidores o al miedo a llegar tarde, o no haber sabido decir a tiempo... os amo... por favor... y si los ahogados en las ventanas de ese barrio, de esa ciudad horrorosa de la memoria más impotente, descubrieran algún placer superior al de mirar, al atardecer, tus senos, Alma..., morirían de frío o acaso ya morimos de frío entonces, hace tanto tiempo que ni siquiera nos cabe en el arcón de la nostalgia evanescente, casi irreal entre las cuatro esquinas preparadas para los desertores de su propia, cálida agonía de tigres de hojaldre, dominguero el pastel de nata huele a ingle propia y ajena cariñosa para el dedo. ¿Morirían? ¿He dicho morirían? ¿A qué lo condiciono, si puedo matarles tanto en la memoria como en el deseo? Morirían por su cuenta si descubrieran algún placer superior al de mirar por las ventanas tu desperezo, el desperezo de la muchacha en flor».

De todos mis textos confesionales, los que dedico a Alma son los que más le gustan al psiquiatra, quien asegura tener alma de concursante en juegos florales y tararea tangos líricos mientras leía mis poemas, como si quisiera ponerles una música bastarda. Ahora bien poco caso les hace, hundido por el peso de sus propios problemas psico-económicos.

9

Cuando mi mujer se cansa, abandona la labor, persigue el paisaje eliotiano con unos ojos que le supongo enrojecidos y me incita a que la recuerde como si fuera una muchacha lejana y voladora sobre la tarde calina de un viaje al sur, cuando era casi una adolescente: «... ¿recuerdas cuando me decías que yo para ti representaba el final del miedo, el retorno, el cuerpo, como una tinaja con asideras o una lejana nube, ave de agüeros absolutos, penumbras en otoño, encendida carne, sonrisas en sus ingles, mano presentida que te hacía necesario a la que incluso en momentos de odio y premonición de homicidio, bajo el maquillaje de los días, hubiera querido retener porque, ¿quién, quién no teme perder incluso lo que no quiere? Era una muchacha azul, lejana, tierna en el recuerdo...?». Es como si me exigiera que la recordara antes de que fuera otra persona, una extraña persona, quiste de piedra, situada entre aquella muchacha azul y esta Penélope. Me devuelve su mirada y sus labios insisten en ofrecerme recuerdos que sólo ella necesita. «Eras tan raro... ¿Recuerdas? Me dijiste: ''Cuando me muera antes que tú, que alguien te dé mi más sentido pésame''.»

Nunca habla en negativo de los tres hijos. Es madre Esperanza. Ni siquiera acepta que uno tenga el SIDA y a lo sumo comenta que se cuida poco, que es muy sensible, que vive del aire y del aire no se vive y que es una lástima que se haya quedado soltero, porque una mujer le cuidaría mejor. Es un maricón muy discreto, no un obsceno maricón integrado, sino apocalíptico al que le cojea el cuerpo y la voz y cuando se va me deja la atmósfera llena de plumas angélicas, de lo que deduzco que ha cogido el SIDA en alguna relación sexual poco escrupulosa, porque, por suerte, pincharse no se pincha contribuyendo a una industria y un comercio tan poco controlados como el de la droga y nunca se ha prestado a una transfusión de sangre porque es testigo de Jehová militante. Tan militante es que aprovecha los descansos de sus afanosas respiraciones para predicarme la buena nueva que ha llegado hasta él por la cadena invisible que une Abel con Enoch, Noé, Abraham, Jeremías, el Bautista y Cristo, es decir, los buenos del Antiguo y el Nuevo Testamento. «El Reino de Cristo no es de este mundo, sino un reino espiritual poblado por 144.000 santos que reconocen en Cristo su cabeza y su soberano.» 144.000 santos, precisamente 144.000. ¡Maravillosa precisión! ¿No nos lo podrían dejar en 143.999, por ejemplo? Con decir que es una religión neoyorkina, de Brooklyn para ser más exactos y venturosamente advenediza, con apenas un siglo y pico de existencia, no hay nada más que hablar. Y se nota que me crispa el intento de poner en cuestión la única religión verdadera, la católico-marxista, en la que no creo, aunque sea verdadera, porque me levanto y camino aceleradamente por la habitación, con los brazos cruzados sobre la espalda, mientras mi mujer le reconviene con la mirada por haberme excitado, pero le protege verbalmente como una clueca: «Hay algo en esta religión del chico que me gusta... Si pudiera interesarme... Pero yo tengo la religión verdadera, ¿cómo voy a cambiarla por una falsa? Me gustan esos bautismos colectivos, ¡han de ser como una comunión de espíritus puros!». El que ella llama «el chico», también me lo parece a mí, cuando le contemplo con mi autista, silenciosa ternura, aunque sea un cuarentón al que sólo le queda un ojo en uso, podrido el otro por una infección para la que no tiene defensas y lo que le queda de cara lleno de llagas. Hay que aceptar a los hijos tal como son, porque ellos no han tenido más remedio que aceptarnos como padres. Yo en su lugar iría por el mundo con una máscara, como el Fantasma de la Ópera, pero él va de apóstol y cree que pregonar su putrefacción significa dar testimonio de su fe en la homosexualidad y en el profeta Russell, fundador de los Testigos de Jehová y su principal teórico. Le admiro. Esta generación está menos cargada de prejuicios que la nuestra. Cuando doy por terminada su visita, medios tengo para hacerlo, retiene un gesto afectivo de despedida, las puntas de los dedos a un centímetro de mi piel, pero advierte mi desafección y ausenta la mano, mientras su madre le soba para demostrar qué diferentes son las madres, dispuestas a asumir que sus hijos son sexual y biológicamente culpables, reacción comparativamente injusta, porque mi silencio y rechace de los contactos físicos no son desafección, sino defensa de mi mismidad y de la de ellos. Gallina clueca de esta tríada tan frágil, al divorciado le ha dotado de la línea argumental de que todas las mujeres son unas putas, tirando piedras sobre su propio tejado de mujer y por lo tanto con el valor extraordinario que sólo tiene una madre de asumir que es puta para condenar a las mujeres como género capaz de dañar a sus cachorros. Valeroso harakiri si tenemos en cuenta que viene de una mujer que, a pesar de los posibles excesos de todo tipo del pasado, ahora ha resuelto ser una síntesis de tradición y modernidad. Si el sidático me aterra, el cabrón me ejemplariza. Cuando yo fui cabrón me dediqué a follarme a todas las mujeres situadas dentro de mi cálculo de probabilidades, utilizando pringues para el ligue adaptados a cada yo y su circunstancia, y sólo me quejé en algunos poemas inéditos, desde luego, que me sirvieron de válvula de escape, a la espera del momento de la venganza, bien fuera mediante el parricidio, superado el tabú pequeño burgués productivista de no matarás ni a la mujer de tu prójimo ni a la propia, bien fuera mediante la contemplación de la decrepitud de la infiel, obligada a una dependencia afectiva monógama a la que yo me iba a negar, según el modelo de aquel viejo taciturno al que conocí en un ascensor de hotel de Nueva York, situado en un chaflán cercano al Metropolitan. El viejo, su vieja mujer y el joven estrangulador de Boston. Un espacio cerrado. La mujer colgada de su viejo marido, ofreciendo el espectáculo de una vieja ternura desesperada, sin alternativa, terminal y empalagosa. Él, hierático, hasta que se abrió la caja encerrona del ascensor y entonces le dio un empujón a la vieja que la estampó contra la pared como una cruz en aspa. Estaba todo dicho. Toda una vida en común. Mi hijo me da el ejemplo de su dolor y de su coherencia de burlado, jamás de burlador.

En cuanto a mi tercer hijo, el que desde una mirada excesivamente convencional pudiera parecer un vagabundo sinvergüenza que viene a comerse mis pasteles y a vaciar el bolso de su madre, es peligroso, pero no repugnante ni pusilánime. Es un estrangulador nato y ni siquiera respeta el código de vagabundo a lo miserable, sino que a veces le han visto pedir caridad por las mejores calles de Boston con la ayuda de un rótulo en el que se ha connotado barrocamente. No se limita a decir... no tengo casa... soy un parado... como casi todos los demás vagabundos, sino que añade: «... tengo el SIDA y me afectó cerebralmente enterrar a iraquíes vivos en la arena del desierto durante la guerra del Golfo». Por la edad y por coquetería ideológica no puede atribuirse hazañas similares con respecto a la guerra del Vietnam, que aún no ha sido reivindicada por el pensamiento democrático liberal como la heroica defensa de la civilización occidental que fue. Mi hijo tiene un éxito indescriptible entre los especialistas en Nueva Pobreza, muy fecundos y agudos en Estados Unidos y en Francia. Un profesor francés, Bernard Gazier, viajó hasta Boston para interrogarle y luego publicó un artículo en la *Revue des Recherches presque inutiles* en el que hablaba de la pobreza poética como *instalación*, como arte postconceptual y casi como profesión artística, tal vez la más excelsa de la economía y el mercado de trabajo sumergidos. Lo cierto es que mi hijo consigue las mejores recaudaciones de todo Boston. Excelente. Si tuviera que puntuarle como pedigüeño, le pondría un diez. Es el pedigüeño diez, lástima que sea algo abúlico y no confío en que cuando se muera de una cirrosis le encuentren algunos millones de dólares bajo el colchón de su cubil. Un manirroto que en cuanto junta un puñado de dólares se los gasta en videojuegos. Es su vida. Siempre he sido un padre tolerante.

10

«No ha tenido suerte con los hijos, Sr. Cerrato...», me comenta el llamado Seisdedos, un resentido, mientras me afeita con una navaja barbera, con sus manos de asesino de guardián de almacén de maderas, molduras y serrines. «Hay quien, como yo, no ha tenido suerte con los padres, pero ha de ser muy desconsolador no tener suerte con los hijos. Yo hubiera sido un buen hijo si mi madre no hubiera sido tan puta y tan borde, tan desentendida, ¿comprende? Entre mis sueños figuraba dar un golpe, llegar a casa de mi madre en calesa y llevármela a Boston Norte a una mansión de patricio, de Cabot Lodge para arriba... Una vez asaltamos una noche de sábado un cine en el que echaban *Ben Hur*, en la versión de Charlton Heston. Habría pasta gansa, pensamos, y después de un trabajo impresionante, entramos en la oficina del cine y sólo pudimos llevarnos veinte kilos de caramelos masticables. Se habían llevado la recaudación. Robo, con el agravante de escalo, nocturnidad, rotura de cristales, antecedentes... Quince años... Quince años de condena. Mi madre se quedó sin calesa y yo con veinte kilos de caramelos, bueno, con los seis kilos seiscientos sesenta y seis gramos que me tocó en el reparto. Eramos tres. Aún tengo en la boca el gusto... Asqueroso.» Si yo no fuera un autista y si Seisdedos no sostuviera una navaja barbera en sus manos, saldría en defensa de mis hijos. Pero las manos de Seisdedos tiemblan un poco últimamente, a pesar de las pastillas que toma contra el Parkinson, y la navaja es como una espada de Damocles malhumorada que se cierne sobre todas las yugulares de mi cara y mi cuello, mientras mis ojos fascinados tratan de sorprender en los de Seisdedos el nacimiento del impulso de degüello. Pero Seisdedos mueve mucho la mirada por la celda y cada vez que contempla los tomos del Diccionario Ilustrado me absuelve. «Es Vd. un hombre de cultura, Sr. Cerrato. Los internos como Vd. dan gusto.» Soy un condenado. Es tan evidente que hasta Seisdedos el *Cachas Negras* lo ve. Nunca podré salir de aquí. ¿No es prueba suficiente de que si me condenaron fue por algo? ¿No puede ser peligrosa una delicadeza excesiva que puede llevarme a concebir ensimismadamente preguntas tan embarazosas que no puedo contestarme? Antes del autismo y de la lobotomía, cada vez que oponía esta argumentación al psiquiatra, se frotaba el cuerpo con las palmas de las manos: «Por mí Vd. saldría mañana a la calle... Al lado de mis pacientes libres, Vd. es Descartes... Pero creo que Vd. mismo no quiere salir. ¿Quiere salir a la calle, Sr. Cerrato?». ¿Salir? ¿A la calle? Incluso en los momentos de máxima obcecación y delirio no conseguía encontrar el camino de un *sí* contundente. Salir a la calle. A ese decorado al servicio de una ciudad sustituida, en la que no me queda ni memoria ni deseos, ni un punto cardinal de mi antigua rosa de los vientos... Si encontrara a Alma, como esperaba encontrarla llevado por la intuición hacia lugares de la ciudad que se merecían nuestro encuentro... pero lo cierto es que ella nunca estaba allí, porque Alma era bastante negada para la telepatía y cuando yo le explicaba mis impulsos y mis frustraciones porque ella no estaba al final de mis ensoñaciones, me miraba como si yo estuviera loco, con esa mirada de bovina cordura con la que te despiertan del ensueño las mujeres mejor soñadas. No. No quería, ni quiero salir a la calle y el psiquiatra se descorazona: «Parece Vd. el Rudolf Hess de los estranguladores. Ni siquiera el que Vd. quiera salir a la calle me sirve de estímulo para redactar ese informe sobre su evolución... Mi inhibición captativa... no tiene cura...». Le preguntaría si no podría ayudarle un psiquiatra, pero eso implicaría hablarle, traicionar mi código autista, la parte que más me beneficia del pacto, y apenas si le dedico una mirada de solidaridad. No me decidía todavía a colaborar con alguien que, por mi bien, cada vez que le he pedido me trajeran a la vecina del piso de arriba se ha escaqueado, con la excusa de que le podría sentar mal a mi mujer y que además, probablemente, todas las mujeres a las que me refiero, vivas o asesinadas, son la misma mujer. «Quizás todas sean Alma.» Y noto cómo paladea la hipótesis. La cree brillante y cuando considera que ha encontrado una idea brillante se envalentona y habla, habla, habla para mi solaz. «Vd. es una víctima, señor Cerrato, del petrarquismo y ha situado su ideal amoroso a demasiada distancia de sus posibilidades terráqueas. Vd. se ha tomado muy a pecho esa educación basada en el absoluto y el acceso al paraíso, cimentada sobre las enseñanzas de la Iglesia Católica, el Partido Comunista y las películas de Hollywood traficantes de la droga del *happy end*. Por otra parte, y sin desmerecerle, no ha tenido posibilidades de posesión compensatorias. Hay quien evita las depresiones toda la vida comprándose corbatas y hay quien necesitaría comprarse un Jaguar, como su prima, por ejemplo. Vd. sería un depresivo de Jaguar, en el supuesto de que pudiera comprárselo. Le viene de familia. *Pas de chance.*»

Telma, aquel culo glorioso, la mujer del lanzador de puñales, vino a verme hasta que se murió en una residencia de ancianos de final colosalista, ardió, ella también, y con ella treinta y cuatro viejos atrapados por la vejez y una compleja trama de medidas de inseguridad muy racionalmente estudiadas por algún neomaltusiano no explícito y a la vez piadoso, algo de agradecer en estos tiempos de exaltada desfachatez macromaltusiana. Abribuí aquel incendio a algún servicio secreto del ministerio de Economía o de Trabajo, como un ensayo general de cómo aniquilar a los pensionistas antes de que se consumara la quiebra del Estado del Bienestar, incapaz de hacerse cargo de tanta y tan longeva clase pasiva. Fue un incendio gigantesco, muy mediático, uno de los mejores incendios de este siglo y de esta costa, retrasmitido *urbi et orbi* por la CNN con la presencia de la mismísima Jane Fonda como locutora. Telma me visitó hasta el final porque creía cumplir un deber para con la memoria de mi madre, una excelente modista, repetía, pero de hecho a través de mí revivía la posibilidad de haber sido tan atractiva como yo aseguraba y tan morbosa su vida y su muerte. Su turbada fidelidad, hasta el final, corrió pareja con la de la profesora de griego, la de francés y la Von Rössli, a pesar de que con la contorsionista nunca se arregló el expediente del poeta púnico tartamudo al que ella seguía considerando un superdotado. «Tenía la sensibilidad de un ordenador lleno de citas bellísimas. Apretabas la tecla oportuna y el ordenador se convertía en un poeta irrepetible.» No admitía haber tenido un marido bávaro especialista en tablas *input-output*. «Se trata sin duda de una fantasía suya cruzada.» La Von Rössli, para qué insistir en la duda retórica de calificarla como supuesta o la llamada si a todos los efectos, si lo sabré yo, es la única Von Rössli posible, había envejecido mal, incluso empequeñecido, con la piel deshidratada por el mucho sol que había tomado, el hocico cuarteado y descuidadamente depilado, la cabellera estropajosa por los muchos tintes, pero se le adivinaban junturas corporales predispuestas a las posturas más sorprendentes y las adoptaba, en parte como una demostración de que era quien decía ser, en parte porque a mi mujer le maravillaba su versatilidad corporal y aplaudía al final de cada ejercicio. Uno de sus números de más éxito consistía en fingirse mujer araña, con las piernas pasadas por encima de los hombros y la cabeza como mascarón del pubis, para avanzar a cuatro patas por la celda ante la inquietud de Seisdedos y el alborozo desmedido de mi mujer. ¿El frigorífico? Al cumplir los cincuenta años decidió seleccionar lo que había sido importante en su vida y el frigorífico, cinco años parado, la envejecía con su vejez. Destino menos digno que el MOMA había recibido el osito metálico blanco, sumergido en los sótanos de un coleccionista de electrodomésticos indulgente con frigoríficos ancianos, condenados a la chatarra o a ser exportados a la Ciudad de los Muertos de El Cairo, el cementerio más importante de seres vivos y de electrodomésticos del mundo.

Con los años, la profesora de francés ha ido enloqueciendo en busca de un balneario que estuviera a la altura de los balnearios literarios, angustiada porque en algunos programas de la seguridad social ya entran las curas termales y en lugar de poetas reumáticos o novelistas históricos con artrosis, generalmente franceses, empieza a subir la proporción de escritores latinoamericanos, matriceros y fontaneros en los mejores balnearios de Europa y escasean las citas en francés y las orquestinas. «La cultura francesa retrocede en todo el mundo y hoy se consideran citas cultas, poemas de bárbaros como Pound o Eliot que no le llegan a Valéry ni a la suela del borceguí.» Nadie lleva borceguíes, ni poetas franceses, ni poetas, sean de donde sean, y me gustaría a veces entrar en esa conversación, para contradecirle amablemente, pero a partir de los seis meses de vida, desde la condición de nasciturus hecho y derecho, ya nadie cambia y además ha conseguido el formato de una anciana clara, una señorita vieja y quebradiza, pulcra y muy delgada, con los cabellos tan blancos como sedosos, como si por ellos sólo hubiera pasado el color, pero no los años. Da la medida de la profesora auténtica, con cabellos extrabarrio equivalentes a los que yo veía caer sobre el libro del que los labios rosa pálido convocaban los versos más hermosos de aquellos años anteriores a la guerra de Corea, una guerra que lo cambiaría todo y muy especialmente la poesía y las gentes de Boston. Los prototipos se corresponden coherentemente, y así como la profesora de francés busca en mí el amante pasivo de su francofilia en decadencia, desde la silueta de la que le inducen a ser, la de griego ha envejecido chaparra y obsesiva, ya sin investigación que la justifique y con un grasiento cansancio corporal y neoclásico lleno de espinillas en el cuerpo y en el alma. Y ni siquiera puede hacer suyos los versos del epigrama de Juvenal:

> *Dum bibimus, dum serta, unguenta, puellas*
> *pocimus, obrepit non intellecta senectus*

No, ni ha bebido lo suficiente, ni le han entregado guirnaldas de triunfo o de fiesta, ni perfumes, y se ha salvado de la vejación de jóvenes alumnos que le bajaran las bragas y la hicieran gozar y por lo tanto ha notado la llegada de la vejez en un universo que ha dejado de reconocerse en griego y latín clásico. Hasta hace tres años se mantenía en tensión por sus estudios inútiles, que nadie necesitaba ni esperaba, pero le calculo unos setenta años y se ha hecho drogadicta de la televisión hasta el punto de que cuando me visita saca del bolso un televisor a pilas, japonés en su pequeñez, al que dedica el ojo que no me destina para no perderse ni un capítulo de los culebrones venezolanos, catalanes, argentinos o brasileños, estos últimos los de más altura intelectual. *Senectus ipsa est morbus*, escribió Terencio desde la sabiduría de que la vejez era una enfermedad esencial, y la vejez de la profesora de lenguas clásicas me inquieta porque es una premonición de la mía, cuando vencidas mis defensas, flácidos los músculos del espíritu, tal vez necesite lo que ahora me angustia como si fuera un virus, por ejemplo, comunicarme. Deseo que experimenté hacia mi débil prima campesina, tan horrorizada por las revelaciones que tuvo que asumir como parte de su papel, y alguna deuda creyó contraer conmigo porque me estuvo enviando chorizos y quesos frescos caseros hasta que falleció en un accidente automovilístico desmesurado. Nunca quisieron aclarármelo, tal vez porque yo no lo pedí y me atengo sólo a lo que he ido escuchando, pero tan rico era su marido que mi prima cuando enviudó se compró un coche descapotable inglés, un Jaguar —creo ya haberlo mencionado, pero el imaginario Jaguar me excita—, el mismo que pasea a Lady Di, impropio de su mismidad y de todas sus circunstancias.

Lo único que antes me desconcertaba era la superposición de las imágenes y la irrealidad de los resucitados sobre mi propia irrealidad, es decir, creía ensoñar la resurrección de mis estrangulados cuando no conseguía mantenerlos a raya como impostores. He temido por mi salud mental. ¿Qué sería de mí, me decía, si entrara para siempre en el ensueño de las resurrecciones de mis víctimas? Incluso utilizaba la que yo creía legítima cultura de la sospecha cuando me preguntaba y preguntaba: ¿por qué no me han traído a una falsa vecina del piso de arriba o a unos falsos padres?

11

Por fortuna, abandoné la procelosa cultura de la sospecha, tan reveladora de la soberbia de los estranguladores intelectuales, y ya confío sólo en la cultura necesaria, sea patrimonio imprescindible o sea proyecto estrictamente posible. Además, han ido desapareciendo, muriendo incluso, aquellos a quienes yo había estrangulado. Murió Dotras, una vez cumplido el expediente de venir a reñirme y de afearme mis pretensiones estranguladoras, desdeñoso, como si yo no estuviera a la altura de mis fantasías. Se murió de cansancio cardiaco, aseguraron sus familiares, por lo mucho que había trabajado desde que perdió la última guerra civil que vivió Boston y por los disgustos que le daban periódicamente los falsificadores de Art Déco, sin admitir que se había equivocado de bando en la guerra, de coleccionismo y de estética. Fue un ambicioso sin posibles, pero también un excelente maestro que hablaba con mucha propiedad.

El editor también ha envejecido y me utilizaba para recordarse, con la excusa de que recuerda cuando «empezábamos», y me había dado un puesto de auxiliar de archivo, sin otra tarea que manejar unas tijeras que iban recortando periódicos de todo el mundo para que los recortes algún día ayudaran a envejecer a los protagonistas de la Historia, sumando la cotidianeidad a su vocación de inmortales. Ya no es aquel enardecido industrial y comerciante que antes de la lobotomía metafórica me dedicaba monólogos publicables: «Le recuerdo, Cerrato, con el ceño fruncido y toda su dedicación sobre las hojas de periódicos que recortaba. Confié en Vd. porque los ex seminaristas y los poetas sociales pobres siempre me han dado muy buen resultado como negros de editoriales. ¿Recuerda cuando le ascendí y le convertí en auxiliar de redacción de las voces sobre fontanería, decoración de interiores y ropa interior de señoras? Llegó a saberlo todo sobre esas materias, hasta el punto de que me di cuenta que independientemente de su saber y de la voluntad de su saber, Vd. igual podría redactar voces de economía política o de psicología. Hombres como Vd. necesitaba para la gran empresa de redactar y editar una Gran Enciclopedia Ilustrada de Boston. Una visión bostoniana del patrimonio cultural que compitiera con la Enciclopedia Larousse o con la Británica, para no hablar de la Colliers, que es una enciclopedia sin clase ni enjundia. Ahora ha de dar un salto cualitativo. Sus memorias, Cerrato..., sus memorias. Las memorias del mejor estrangulador de Boston, porque ha asumido ese imaginario, sin las trabas de lo que es posible sentir o decir. Las podríamos editar en fascículos y venderlas en todos los supermercados, incluso regalarlas si tenemos un *sponsor* adecuado y creo haberlo encontrado. La Kenwood. Es un electrodoméstico enciclopédico y agresivo. ¡Casi un robot! La edición gratuita de supermercado puede considerarla una banalización de su esfuerzo imaginativo, pero sería un espléndido negocio y nos permitiría acometer la edición en volúmenes encuadernados en piel incluso y ediciones abreviadas para los escolares y las amas de casa». No le contesté. Me limitaba a levantarme, ir hacia la alacena donde reposa la incompleta edición de la Enciclopedia Ilustrada de Boston y comprobar su disgusto cada vez que yo utilizaba los volúmenes para realizar construcciones primarias, como si los libros fueran piezas de un juego de arquitectura. «Pero ¿qué hace con estos libros? Son monumentos culturales. No merecen ese trato...» Sufría por el deterioro de la encuadernación, como si fuera él quien padeciera los desplomes, los descantonamientos, incluso el deshojamiento paulatino de los libros que yo maltrato por su culpa. «Vd. lo tiene todo cubierto, Cerrato, pero piense en su viuda y en sus hijos. Yo le pagaría un siete por ciento de derechos de autor hasta los cien mil ejemplares y a partir de esa cantidad podríamos hablar de un diez. Quizá de un doce si supera los ciento cincuenta mil.» Mis silencios los interpretaba como chalaneos y a mis espaldas, creyéndose a salvo de la mirada ubicua de los estranguladores, trataba de que mi mujer le fuera solidaria y me convenciera.

Durante la última visita, me di cuenta de que el editor ha envejecido totalmente y creo que viene a verme para creerse en mejor estado que yo, sin establecer ninguna clase de complicidades, ni conmigo ni con María Asunción. La única persona que trata de establecer complicidades con esta mujer es Muriel. Cada vez que entra en esta celda mira a esta patética Penélope de arriba abajo y abre esa boca carnosa de holoturia tortillera que quiere poner a prueba su donjuanismo sexagenario y todo son envejecidas ternuras para ella, mientras a mí me dedica supuestos recuerdos compañeriles o alguna confidencia intelectual cortés y desapasionada, a tono con la cultura neutral de Muriel que vivió en la antigua Unión Soviética sin enterarse de lo que había pasado en octubre de 1917 porque Ovidio no había escrito nada al respecto. En Muriel se cumple la sentencia de Oscar Wilde: *Lo más profundo en el hombre es la piel*, que supongo a él le inspiraron los maricones pero que puede hacerse extensiva a los heterosexuales y a ese tercer sexo que componen las mujeres, independientemente de que la cultura haya conseguido humanizarlas. Muriel ha pasado por el mundo afortunadamente sin enterarse de que estaba mal hecho y yo soy una vivencia interesante que le han propiciado policías, jueces y psiquiatras mientras a mi lado teje y desteje una vieja que puede ser su penúltimo bocado. En cuanto a la tejedora, observo que capta las vibraciones sexuales de la lesbiana y le halagan porque a su edad la halagaría hasta el desenfrenado acoso de la libido de una cotorra macho o hembra —aún me cuenta a veces que los hombres le dicen cosas por la calle— y le ha prometido hacerle un jersei en cuanto termine el que está haciendo para el ex secretario general del PC de Boston. Les deseo lo mejor a las dos. Me enternece que esta vieja aún quiera sentirse deseada, y si no la distingo con mi deseo —por más que el psiquiatra me ha indicado que la dirección del Hospital Penitenciario haría la vista gorda— es para no limitar su libertad de disponibilidad.

Estos personajes se suben a este escenario imaginario, interpretan para mí, su único público, y les contemplo casi siempre con emoción, pero también a veces como epifenómenos que traen los días, diversamente iluminados según las horas y percibidos según mis estados de ánimo, fundamentalmente condicionados por la lucha, cada vez más débil, entre la memoria y los fragmentos de paisaje que de vez en cuando mis ojos roban a los carceleros. Naturalmente, nada más sentir tan desasosegante y poco equilibrada sensación, doy constancia de ella en mi dietario de pensamientos negativos. Pero... ¿Cómo sentiría el que de pronto desaparecieran, tras sonar el silbato de los psiquiatras ordenando retirada general? ¿Volvería a recuperar la sensación de la soledad o me instalaría para siempre en ese alivio que siente todo hospitalizado condenado a muerte cuando ya no tiene otras visitas que las de la hermana morfina?

Entre todas las visitas, todas ellas cada vez más espaciadas, la más terminal es la del ex secretario general del Partido Comunista de Boston. Últimamente ya no me cuenta ningún rocambolesco plan de la KGB para secuestrar a la señora Roosevelt o violar a la anciana madre de los Kennedy. Me ha evitado su reiterativo monólogo sobre la injusticia de los diccionarios enciclopédicos que le han abandonado en el momento de su vida y su historia en que era un político temido. «En cuanto he dejado de ser un político temido no han añadido ni una línea ni un epíteto a mi biografía, y tengo la suerte de que Vd. conserva una edición anterior a la caída del muro de Berlín, pero en los diccionarios actualizados van recortando las líneas que me dedican. El otro día aproveché mi visita a unos grandes almacenes para interesarme, falsamente, claro está, por una Enciclopedia en treinta volúmenes, treinta, imagínese la cantidad de páginas, de espacio potencial para mi vida y comprobé que Karl Popper, Carl Lewis, Hillary Clinton, Madonna y Jim Morrison tienen veintitrés líneas más que yo y que el tono del redactor de mi vida era muy parecido al del que se había dedicado a Asurbanipal, un dictadorzuelo de la Edad Antigua que aniquiló a sus enemigos y embelleció Nínive... Eso fue todo. Y más grave todavía si tenemos en cuenta que el Diccionario es paisano y ex comunista. ¿Recuerda aquellos años en que cuando yo cerraba el puño enmudecía todo Boston y los burgueses se exilaban al Canadá?» Mi mujer, para consolarle, le ha prometido un jersei y le anima a esperar tiempos mejores, cuando las contradicciones del capitalismo se agudicen y la revolución mundial sea inevitable, desde una tierna pero peligrosa piedad, porque me consta que esta mujer con los años se ha hecho votante potencial de George Bush, miembro de la Trilateral, la Internacional de los Pijos del Mundo, no por complicidad, sino porque piensa que una dictadura democrático-fascista neoliberal dirigida por los pijos internacionales más inteligentes es lo único que puede salvarnos de una dictadura resultante de la alianza de los jóvenes cabezas rapadas y de los fundamentalistas islámicos. El ex secretario cabecea melancólico. «No viviré para verlo. Durante toda mi juventud esperé no sólo la revolución, sino su superación y el advenimiento de una nueva antítesis... Y si Dios quería, incluso por mi edad podía permitirme la gozada de ver una nueva síntesis. Yo siempre he sido muy dialéctico. Cuán engañado estaba.» Y eso que de vez en cuando algunos psicópatas delincuentes comunes le piden autógrafos y le regalan sus añoranzas de un mundo más justo en el que la locura sea legalizada. «Si alguna vez hay alguna revolución, Cerrato, no será racionalista, tal como yo la había soñado, sino irracionalista y me temo lo peor, que no tenga ni el nivel de la nazi, porque no vendrá avalada por irracionalistas de envergadura como Fichte, Nietzsche, Schopenhauer o Spengler, sino por filósofos, sociólogos y politicólogos de supermercado y como consecuencia de la irresistible levedad del saber y del ser. Un irracionalismo de pijos. Una dictadura democrática bajo la hegemonía de los pijos. He dado muchas conferencias ofreciendo excusas por haber sido comunista y pidiendo a mis vencedores que aportasen una nueva racionalidad reconocible. Ni siquiera sonrisas de conmiseración me han dedicado. Les basta hacer reseñas de cinco líneas sobre mis abjuraciones y los titulares de las informaciones ignoran los matices de mi análisis. Los vencidos no podemos ser sutiles. Se han limitado a pasearme por los circos del sistema con el martillo y la hoz en la boca. Tengo los pies cansados y gota en el izquierdo, de tantos brindis como he hecho en la antigua Unión Soviética, donde me ofrecían el mejor vodka y los más refinados vinos de Crimea. Recuerdo una escena rota, un fragmento de una película en la que el viento acumula tierra sobre la inscripción de una tumba hasta hacerla ilegible, y así ocurrió en el pasado con las ciudades sepultadas por las destrucciones, su propia erosión y las tierras que el viento implacable mueve con voluntad de aniquilar toda memoria. Las ciudades, Cerrato, tienen arqueólogos y las personas eruditos. ¿Sabe cuántas tesis doctorales me dedicaban hace diez años? Cuatrocientas doce y en las mejores universidades de la Liga de Hiedra. ¿Ahora? Ninguna.»

La peor nostalgia es la que se muerde la cola. Resignación. Quería ser aceptado por sus enemigos de clase y los pijos sólo le conceden el papel del renegado. A veces se plantea hacerse misionero e ir a curar leprosos en alguna isla de las Filipinas, según el consejo que le dio la misionera laica una tarde en que sus visitas coincidieron. «Yo cada vez las admiro más a Vds. las monjas, aunque no lleven hábito. Más incluso si no llevan hábito.» Cuando mi mujer le comunicó que la misionera había muerto martirizada por unos bandidos musulmanes filipinos, que muy influidos por la cultura cristiana del martirio, le cortaron las tetas, la metieron desnuda en un tonel lleno de cristales rotos y lo hicieron rodar por una pendiente, el ex secretario general rezó un padre nuestro, no porque creyera que Dios estaba así en la tierra como en los cielos, sino porque personas como la misionera merecían estar en los cielos. La noticia de la muerte de la misionera formó parte de la campaña de implicarme en una complicidad emocional, y lo consiguieron, no sin tener que vencer la agresión del recuerdo que ella plantea, mi supuesto intento de violación imaginaria que ella rechazaba incluso como imaginaria, dejándome en el más absoluto desaire. Me cuesta reidentificarla con esa vieja, sobre la que se me superpone la imagen de una vulva mojada bajo el apósito de las bragas, la humedad sólida de flujo y sudor que dejaba una sombra de café aguado sobre la tela, mientras toda la ciudad cantaba el himno del Congreso Eucarístico:

De rodillas, Señor, ante el sagrario
que guarda cuanto queda
de amor y de humildad.
Venimos con las flores de un deseo
para que las transformes en frutos de verdad:
Cristo en todas las almas y en el mundo... ¡La paz!

12

Pero me siento desorientado en el interior de mi secreta ciudad cuando reaparecen los delirios que, fugazmente, pueden ser más poderosos que mi voluntad de ser todo lo normal que pueda ser un estrangulador seriamente enfermo y cuando tras las rejas miro la tierra veo el mar, su frialdad ajena a toda esperanza de patria, y me arrebujo en el mito de Alma, como el niño con fiebre se arrebuja en las sábanas en busca de una patria adaptada a su medida y le digo: «Alma, el frío nos aguarda más allá de las patrias, más allá de los nombres conocidos y los gestos sin sorpresa. Las huellas nos siguen sin imaginación y mueren cuando descansas y es posible morir de sinceridad ante el descubrimiento de que siempre vamos de fraude en fraude, de muerte en muerte y recordar es volver a vivir, dijeron los antiguos, con un impúdico clasicismo en gentes con pagado seguro de entierro tercera clase A. ¿Más allá? Más allá, preguntan los adolescentes y ni siquiera saben las respuestas cuando vuelven a la ciudad donde conservan pétalos lilas entre los tabiques y a las muchachas sin flor se les cuelgan niños de los senos que fueron perfectos y miran por las rendijas de sus nichos al Onán adolescente fusilado de cara a la pared. ¡Muchacho! ¡Muchacho! ¡Despierta! Son las ocho de la mañana y aún no has muerto, la arquitectura de la memoria ¿transformará las agonías? Rimbaud creía que la poesía cambiaría la agonía —o tal vez escribiera la vida en un rasgo de optimismo impropio de un homosexual francés bastante culto—, pero ningún laberinto altera el resultado... ningún laberinto altera el resultado... ningún laberinto altera el resultado... aunque es cierto que más placer se encuentra en los juegos largos que no aburren, en la perpetua improvisación del no saber qué hacer, mientras se muere... Desencantada ciudad, igual que una gaviota perdido el azar, he mirado la tierra y he visto el mar, marineras aceras nos llevarán a esquinas inciertas sin un más allá... Salmos de ceniza. Vahos en el cristal y el rostro evocado, Alma, fantasma necesario, el que nos corrige memoria y deseo... Desorientada ciudad, igual que una gaviota perdido el azar, he mirado la tierra y he visto el mar». El psicoanalista me rogó que traicionara, en cierto sentido, mi silencio y declamara este fragmento, porque intuía que había algo en él de ritmo poético y así lo hice. El argentino se echó a llorar y me dijo le recordaba un tango muy bonito: ... *el día que me quieras / no habrá más que armonías / será clara la aurora / y alegre el manantial*.... Con la edad, estos lacanianos acaban rindiéndose a Gardel.

O mueren o me abandonan, mis comparsas. Seisdedos cumplió condena hace unos días, pero ha pedido prorrogar su estancia en esta enfermería y en esta penitenciaría alegando que sus tendencias agresivas renacerían en cuanto saliera a la calle, especialmente dirigidas contra los guardianes de serrerías, gentes, que en su opinión, tienen mal morir. «¿A dónde voy a ir a mis años? Toda mi vida está asociada al toque de silencio y al de diana, primero en los hospicios, luego en la Legión, después en las cárceles. Sólo recuerdo cuatro años en libertad en los que apenas salí de la cocina de un tablado flamenco de Boston, el más reputado, lo que me permitió conocer a las principales estrellas japonesas del cante y del baile español. Pero mi vida sin represión no tendría sentido y soy un pozo de experiencia sobre conducta humana en cautividad. Antes de que me destinaran a la enfermería, los jefes de servicio me utilizaban como husmeador de motines y otras rebeldías. Se me da muy bien fingir la epilepsia y me metían como epiléptico en las galerías de fuguistas y asesinos reincidentes que son los animales carcelarios más peligrosos y trágicos, peligrosos precisamente porque son trágicos e incapaces de escapar a su sino. He conocido a fuguistas que acumulaban cuatro siglo de condenas por crímenes que no habían cometido pero se comían el *consumao* para ser enjuiciados, trasladados y así poder aprovechar el traslado para intentar la fuga. El fuguista es muy reconsagrado. Es como un cazador en tensión las veinticuatro horas del día, vidente de brechas por las que fugarse y las ve en todas partes, aunque generalmente siempre lo cazan y aumenta su obstinación así como una melancolía mala, una melancolía que deja de ser suicida para volverse asesina. El fuguista más tarde o más temprano morirá o matará y yo huelo el olor previo a la fuga. Huelen a miedo y a fracaso. Me bastaba entonces con acercarme al centro de la prisión y llevarme un dedo a la nariz, el jefe de servicios ya sabía que el fuguista en cuestión estaba a punto de intentarlo otra vez. Vida por vida primero la mía. Esta plaza de barbero en la enfermería estaba muy solicitada y me la gané denunciando a los hermanos James, asesinos del violador de su hermana, condenados a cinco siglos de cárcel porque se habían fugado trece veces, una de ellas valiéndose del secuestro del alcaide. Con los fuguistas no te la juegas, aunque se den cuenta de que vas a por ellos. Acaban por ser unos profesionales del fracaso y por aceptar que morirán de viejos en una penitenciaría o cazados por un tiro en la espalda en un intento de fuga. Con los que te la juegas de verdad y siempre es con los psicópatas condenados a perpetua, porque matan por matar, por autoafirmarse y si te cruzas en su camino pues te cae a ti la puñalada, como esa que me dio Juanillo el de las Palomas, un lerdo que había acuchillado el coño de su mujer adúltera para que no follara allá arriba y se hacía el dormido en las formaciones para que se le posaran las palomas sobre el hombro. Las cogía, las estrangulaba, las desplumaba y se las comía crudas como si fueran peladillas. Yo le había estudiado el ritmo de caza y engullimiento y sabía que cuando cazaba demasiado y comía demasiado deprisa estaba a punto de armarla. Un medio día, a la hora del rancho vi que tenía mirada de culo de botella, pesada, verde y opaca. Miraba sin ver y caminaba dando vueltas al cadáver de un gorrioncillo que no había podido aprender a volar a tiempo. Y estalló. Se sacó del bolsillo un cuchillo hecho con latas de conservas, le cortó la carótida a un amante jovencillo que lo había dejado por un camello de heroína y luego se vino a por los demás, especialmente a por mí porque sabía que yo era un chivato del jefe de servicios, un chivato respetado por casi todos porque mis confidencias evitaban líos desagradables de los que luego cuesta mucho salir... ¿Comprende? Yo soy aquí como el jefe del safari. Conozco bien a estas bestias y la jungla. Fuera de aquí ¿qué sería de mí?»

A pesar de sus temores y sus argumentos, ha sido puesto en libertad, pero antes de marcharse vino a despedirse y prometió no tardar en volver, aunque duda poder recuperar entonces un puesto tan bueno como el de barbero de psicópatas. Adivinaba que daba rodeos y más rodeos sin acabar de despedirse por si yo le regalaba uno de los treinta y cuatro jerséis que me ha hecho mi abnegada esposa. Pero ni hice el ademán. Me predispondría a su agradecimiento y a una viscosa deuda de gratitud humillante para él. Fue esta buenaza quien le regaló un jersei que se le había quedado pequeño a *nuestro* hijo, el triste cabrón, supongo que pequeño de boca para el tamaño de sus cuernos, hasta el punto de no poder ponérselo por la cabeza. Yo sé que Seisdedos volverá, pero no desearía que regresara como barbero a este hospital porque me siento liberado de la ética del cordero degollado con la que he afrontado su parkinsoniana navaja, sin poder rechazarla para no demostrar debilidad, porque demostrarla hubiera significado aceptar todas las irrealidades de las que me han rodeado. Si yo creyera que todos estos figurantes que tratan de mantener mi equilibrio son unos farsantes, gritaría de pánico cuando se cierne sobre mí la navaja del asesino de la serrería. Si yo gritara significaría proclamar que Seisdedos no es Seisdedos y al no gritar colaboro en mi propia curación y en el bienestar general tan alterable por cualquier grito que pueda violar el estatuto universalizado de los sordos. Como referente del Seisdedos real, este barbero había llegado a ser necesario en el paso de mis noches y mis días, como se ha hecho necesaria esa mujer que teje y desteje, como si fuera la composición metafórica de la inutilidad del tiempo encerrado, como si fuera un reloj de lanas que tuviera su tiempo de madeja, su tiempo de ovillo, su tiempo de tricotar.

Se ha hecho necesaria para mí y para ella, lo cual expresa con presteza cuando se le desmayan las agujas sobre el halda, la mirada sobre las veredas sumergidas en el bosque y el ánimo en un sollozo. Como si entonces necesitara comentar en voz alta el sentido de lo que hace y no hace, monologa. «Gracias... gracias... gracias Albert por permitirme estar aquí todas las tardes, por permitirme estar en alguna parte todas las tardes, por permitirme enganchar con cola de carpintero de cuento infantil mis recuerdos rotos, mis deseos rotos... soy feliz siéndote útil y aunque tú jamás lo hayas reconocido sé que te soy útil... La gente que te quiere bien me lo ha recomendado constantemente: Aunque aparentemente él rechace la solidaridad hay que ser solidario con él porque debajo de la corteza del autista relativo aparece el temor a necesitar demasiado a los demás... En mi comienzo, Albert, está mi fin. Las casas caen y se levantan sucesivamente, se desmoronan, se desparraman, se las retira, se las destruye, se las restaura o en su lugar aparece un campo abierto o una fábrica o una carretera periférica... Viejas piedras para nuevos edificios, viejas maderas para hogueras nuevas, viejas hogueras para cenizas y cenizas para la tierra compuesta de carnes, pieles y heces, huesos de hombres o animales, tallos u hojas de los que fueron maizales... Cuando dejé de ser joven me abandonaron los deseos y empecé a ser realmente útil.»

Es muy fácil expresar un sentido mayestático de la relación del yo con el tiempo y las cosas si te vales de

Eliot, en un juego que en literatura hubiéramos llamado intraliterario y que en la vida se resuelve mediante la literaturización de lo coloquial cotidiano. Pero me sorprende en esta mujer, sin querencias literarias en el pasado, que East Coker sea para ella algo más que geografía y, como toda la poesía de Eliot, la expresión de la melancolía del fracaso total, algo sorprendente en un católico; o tal vez Eliot se hizo más y más monárquico y católico para participar de las únicas posibilidades de eternidad, así en la Historia como en la Vida, y presiento que esta mujer empieza a notar el peso de su fracaso y asume que esta celda de enfermería penitenciaria es la única casa propicia que le queda, vieja cuerva amenazada por la muerte...

De nuestra casa partimos. Al envejecer
el mundo se nos vuelve más extraño, más complicada la ordenación
de lo muerto y lo vivo. No el intenso momento
aislado, sin antes ni después,
sino toda una vida ardiendo en cada momento
y no toda la vida de un hombre solamente
sino de viejas piedras que no se pueden descifrar
Hay un tiempo para el anochecer bajo la luz de las estrellas
un tiempo para anochecer a la luz de la lámpara
(el anochecer con un álbum de fotos)...

Sin duda haría suyos estos versos de East Coker y otros, como esa obscena propuesta eliotiana de que los viejos deberíamos estar quietos y seguir moviéndonos en otra intensidad para conseguir una comunión más honda, a través del oscuro frío y la vacía desolación...

En mi fin está mi principio. ¡Cuánta compasión disfrazada de geometría poética! ¿Comunión? Compasión. Si le dijera algo, por ejemplo, buenas tardes o por favor o ¿qué tiempo hace en París?, la engañaría, sería como darle la entrada para un dúo que no quiero interpretar, respaldados por los sitiales vacíos de una orquesta inexistente, en el aire la ausencia de una música que no debe tener partitura y siempre, siempre esa estafa de suponernos. Está cansada de una situación a la que yo no la he convocado, como están cansados mis hijos, y cada cual reacciona según su idiosincrasia. El cabrón ha espaciado sus visitas, pero ya en las dos últimas me ha traído su nueva pareja, una mujer aparentemente dulce, de vértebras dominantes y ojos castaños, casi de miel, que habla como los pijos de Boston o de Kuala Lumpur, como si las cosas y las personas fueran una lata y el lenguaje su representación, vocales cansadas, mal sentadas sobre consonantes de maderas nobles, caoba por ejemplo. Creo que es una prima lejana de una sobrina de una cuñada de los Lodge, pero no precisa de qué Lodge, aunque a mi hijo no le importa y la mira a ella, me mira a mí en busca de una aceptación que sabe le doy aunque no la exprese con palabras. Esta divorciada bostoniana me la trae floja y ella lo sabe, por lo que presiento influirá para que su futuro marido deje de venir a verme, aunque trata de hacerme la pelotilla y pronuncia frases en latín, siempre de doble sentido. Por ejemplo, para darme coba en mis ya tenues discrepancias con el psiquiatra, recita: *Doctrina scelesti est gladio insani similis*. Es decir, *La ciencia en manos de un malvado es como la espada en manos de un loco*. ¿Cómo interpretarlo? ¿Quién es el malvado y quién el loco? Si cree que va a alterarme, va dada. De momento, y no es precaria ventaja, nada ha dicho el muy cabrón de traerme a los hijos de sus matrimonios anteriores, que era uno de los riesgos más desagradables. La pija habla como un loro sobre todo, desde una cultura de *Reader's Digest* bostoniano que no ha tenido su Henry James que la lacerara. Noto que últimamente se me desata con demasiada frecuencia una cierta agresividad y aunque mi psiquiatra no le da demasiada importancia, ¿a qué le da importancia este hombre?, me preocupa.

13

Mi hijo el enfermo del SIDA se está muriendo. Esta mujer nada me dice pero lo presiento en tanta omisión sobre su nombre, en esos silencios repentinos cuando el nombre se cuela como si fuera casi exclusivamente un recuerdo. Una vez vi morir del SIDA a un preso, aunque en su caso no tuvo excesivo mérito tratándose de un tuberculoso crónico y exquisito que pidió unas tostadas con miel de arce como última voluntad. Sorprendí a todo el mundo trasladándome hasta la cama donde agonizaba el *tupi*, denominación carcelaria de los tuberculosos, y allí vi un hombre pájaro momificado en vida por un mal taxidermista sacamantecas que le había dejado la piel llena de pupas y los ojos podridos, y así será el aspecto de *mi hijo* cuando le llegue la hora, pensé, pienso, y por el horizonte del recuerdo volaba el niño al que este maricón usurpa, un niño rubio de sonrisa pálida y algo invertebrada, volando y volando al borde del acantilado a la espera de una hazaña que sólo podía ultimarse con la muerte. Se me invierte esta imagen frecuentemente... yo me caigo de una barca, me estoy ahogando y ellos... ellos se van en la barca sin quererlo ni evitarlo, en sus rostros no veo la geometría, sino la compasión pero también la impotencia para detener el fueraborda y recogerme. Mis ojos a ras del agua y de la muerte ven cómo se alejan y mis imponentes deseos de sobrevivir se me vuelven de plomo y me sumergen. Ellos son esta mujer que teje y desteje mi tiempo y esos muchachos que han querido crecer sobre sí mismos. Pero nunca veo a mis padres sobre esa barca, al contrario, si atraídos mis ojos por el plomo de mis deseos, descienden hacia el fondo del pozo de las aguas, allí están mis padres. Ahogados.

El vagabundo se despidió la otra tarde. Quiere cambiar de vida, ojo, no cambiar la Vida, lo que implicaría un proyecto generoso impropio de un estrangulador de Boston, de los mejores estranguladores de Boston. Se había afeitado, llevaba el traje más lujoso hallado en un container y había robado un Jaguar Sovereing propiedad de uno de los líderes intelectuales de la fracción de ecomarxistas catastrofistas que cobra cinco mil dólares por cada conferencia contra la irracionalidad del sistema capitalista e incluso siete mil si la entidad bancaria que le contrata es de las más poderosas. El detalle del Jaguar quitó magia a la despedida, porque sin duda se lo había dictado el psiquiatra argentino a partir de su suposición de que toda mi familia tiene nostalgia de Jaguar. «Dame tu bendición, papá, deseo hacerme rico, aunque sea sólo por una breve temporada, comprar la supuesta casa de El Gran Gatsby en Long Island, pero no quiero tan mal final como el suyo y empiezo el camino como en las novelas del XVIII, con la bendición del padre.» Este muchacho me emociona. Merecería ser hijo mío. Es un estrangulador. Un estrangulador de raza y lo noto porque su madre, esa clueca capaz de defenderle como vagabundo, en la creencia de que duerme bajo los mejores puentes de la ciudad y cubierto por las más selectas cajas de cartón, no le tolera el cinismo con el que me pide mi bendición, como si fuera un cinismo dirigido contra mí y no contra ella y todo lo que representa. Así que le di mi bendición e incluso musité, rompiendo mi autismo y procurando imitar el acento polaco del Papa cuando habla latín, una locución de *La Eneida: Fata viam invenient*..., los hados encontrarán el camino, al tiempo que le metía un billete de mil dólares en el bolsillo de su camisa de seda remendada. No debí hacerlo porque Penélope se enterneció y cuando vino el psiquiatra le dio un certero, pero desde su lógica, por desgracia falso parte: «Está mucho mejor». No. No estoy mucho mejor sino, al contrario, mucho peor, más desorientado que nunca, seriamente enfermo, esencialmente enfermo.

El que tampoco está mucho mejor es el psicoanalista, hasta el punto de que apenas si se alborozó por mi mejoría y muy desconsideradamente pasó a hablar de sí mismo. No podía concentrarse, no le cundía el trabajo y de todos sus fracasos yo era el más serio, porque era su psicópata preferido, al que más tiempo había dedicado y sin embargo era incapaz de redactar el informe sobre mi conducta que le había pedido el Gran Consejo Psiquiátrico Penitenciario. Como ha de justificar nuestros encuentros me pide que colabore: «Este... ¿no tendrá otro poemita para interpretárselo?... El de la ciudad ya está casi ilegible...». No colaboro por pudor y los poemas que sigo escribiendo los escondo y lo último que le entregué hace dos años fue la explicación poetizada de un sueño falso, una auténtica chorrada, puesto que yo pretendía que un hipocarpo me había dicho que mis no deseos no me sobrevivirían y que por mucho que aprendiera en los libros, nada ni nadie me restituiría un instante perdido. Luego yo estaba en pleno Amazonas, en una barcaza movida por los remos de los bateleros del Volga y en el centro de mi deseo los pechos de Alma cerraban sus propios ojos, no los míos, y entre mis dedos el clítoris de Alma era de mimbre. «¡Vd.! ¡Sí, Vd.!»... me increpaba el hipocarpo... «Vd. puede aferrarse al hábito de lo que no ha hecho, incluso al hemisferio de los números imaginarios.» Alma corría oscurecida por la noche, fría, desnuda, el aire olía a pólvora nocturna y blanca, y Alma me esperaba dispuesta para la entrega... pero reaparecía el hipocarpo: «¡Vd.! ¡Sí, Vd.!... prescinde de la lógica elemental, la que mata lo vivo y hace nacer esperanzas a base de olvidos y distancias, es preciso elegir entre memoria y deseo». El psiquiatra lacaniano venido a menos leía y releía mi sueño... me miraba... volvía a leer... «¿Con que un hipocarpo, eh viejo?... Esto sí que es nuevo...» Tan nuevo que no sabía qué decir, porque, me constaba, que en parte alguna de la literatura psicoanalítica aparece un hipocarpo parlante. Ni uno. No obtuve respuesta a aquel falso sueño y decidí no volver a colaborar, por lo que siempre que me pide una ayudita, le doy la espalda y paseo impacientemente por la celda. La última vez se marchó cansinamente en busca de una botella de whisky y una enfermera desnuda sobre la que llorar y morderle las nalgas, su aberración preferida. Probablemente se case con ella, lo que le representará la cuarta pensión alimenticia que pagar cuando se divorcie dentro de unos años. En casa del herrero, cuchillo de palo y los psiquiatras, pasado el período de aprendizaje, son incapaces de resolver sus propios problemas de dependencia. Tampoco los ha resuelto el ex secretario general. La prensa de

Boston da la noticia de su detención cuando trataba de organizar la Liga de los Comunistas, un grupo armado que quiere conseguir el asalto al Palacio de Invierno en octubre del 2017, en una coincidencia simbólica de dudoso buen gusto. Junto a la noticia la fotografía del «viejo luchador», como le califican los jóvenes pragmáticos que ocupan el poder mediático y que consumen con este carroza su cuota de compasión con los cocodrilos mellados de la Historia. Una entidad bancaria ha pagado la fianza y la Walt Disney Corporation le ha ofrecido un puesto de asesor de la atracción especialmente dedicada a las revoluciones del siglo XX en el parque que están construyendo en Moscú, con lago navegable incluido para el *Potemkin* y el *Aurora* y celdas de la KGB donde los visitantes escucharán los alegatos de los Procesos de Moscú, así los de las víctimas como los de los verdugos, y un juego completo de robots —Lenin, Trotski, Stalin, Beria, Kruschev, Breznev, Gorbachov y Raisa, Yeltsin, Jasbulatov, Rutskoi— firmarán autógrafos y pronunciarán fragmentos de sus discursos y escritos que fueron trascendentales. El ex secretario general ha prometido estudiar la oferta. Cualquier protagonismo le es bueno si le devuelve a la ilusión sensorial de hombre escogido por la Historia para cambiarse a sí misma. Presiento que tardará en presentarse por aquí, donde le esperan mis reojos más escépticos aunque no pienso llegar a la vejación. Por si viene, he escrito en la pared un largo *graffiti* que reproduce un fragmento de *El Estado y la Revolución* de Lenin, directamente inspirado en fragmentos de la *Crítica al Programa de Gotha* de Marx:

Sólo entonces (en la sociedad comunista) es posible y se activa una democracia realmente completa, sin excepción. Sólo entonces la democracia empieza a extinguirse, por la simple razón de que liberados de la esclavitud capitalista, de los innumerables errores, barbaries, absurdos, ignominias de la explotación capitalista, los hombres se acostumbrarán poco a poco a observar las reglas elementales de la convivencia social, conocidas por todos desde hace siglos, repetidas desde hace milenios en todos los preceptos, a observarlas sin violencia, sin constricción, sin sumisión y sin aquel aparato especial de constricción que se llama Estado.

No hay término medio. O el estrangulador o el hombre total. Sólo el estrangulador ha existido, desde su angustia y desesperanza hacia la llegada del hombre total. Hace tiempo leí una polémica entre brujos exquisitos (Brown, Cohn-Bendit, Fromm, Laing, Marcuse...) en la que reflexionaban sobre una premonición de Apocalipsis, en 1973, que partía de *Howl*, un texto poético del gordo Ginsberg, porque siempre ha estado tan gordo como sólo puede estarlo un poeta capón:

He visto a las mejores mentes de mi generación destruidas por la locura, muriendo histéricas y desnudas, arrastrándose por las calles al amanecer...
¿Qué esfinge de cemento y aluminio ha abierto sus cráneos comiendo su cerebro y su imaginación?
¡Moloch! ¡Soledad! ¡Suciedad! ¡Fealdad! ¡Latas de ceniza y dólares inasequibles! ¡Niños que chillan bajo las escaleras! ¡Hombres estropeados en los ejércitos! ¡Viejos que sollozan en los parques! ¡Moloch, prisión incomprensible! ¡Moloch, piedra de

la guerra! ¡Moloch, cuya mente esta formada por máquinas! ¡Moloch, por cuya sangre corre dinero! ¡Moloch, de quien los dedos son diez ejércitos! ¡Moloch cuyo oído es una tumba de humo!

Me crispaba Ginsberg y más todavía cuando recurría al valor añadido de la puntuación escandalosa para exacerbarse a sí mismo y al lector, desconociendo las espléndidas precisiones sobre puntuación de Adorno, de las que yo sólo desconsidero las que se refieren a los puntos suspensivos... a veces imprescindibles. Pero de vez en cuando Ginsberg acierta en algunas imágenes del Apocalipsis implícito que compartimos, previo a la desaparición del género humano, por ejemplo: *¡Moloch cuya fe es una nube de hidrógeno sin sexo!* Imagen correcta para venir de un homosexual. Moloch, el dios rey al que le sacrifican los hijos, un referente simbólico que se sucede a sí mismo, como el poder abstracto e incontrolable y que Ginsberg, un progre de los años sesenta, identifica con la corriente ciega del *american way of life* y su reflejo en la Historia. A partir de ese exabrupto digamos que poético, los brujos de la conducta reflexionan y parten de la idea de que toda una cultura desciende hacia el ocaso en un Apocalipsis del que nacerá un hombre nuevo. Ya estamos. En un momento en que la ciencia demuestra que somos el resultado de una suma de vejeces biológicas —conservamos tanto el cerebro del pez como el del reptil, el del primate y el de partidarios de Hillary Clinton o del Papa Juan Pablo II— otra vez el trágala del hombre nuevo, de la *novedad* como huida hacia delante para no caer en el espanto. ¿Por qué no aceptar lo evidente? ¿La no superación del horror? ¿La instalación en él, en el Apocalipsis? Laing, en ese debate, se refiere especialmente a lo evidente y formula algunos conceptos que ya exhibió ante mí verbalmente, según los cuales la locura es una situación y no el problema individualizado de cada loco. Yo sería un sujeto encerrado en una metáfora médica, tal como me dijo, y al ser tratado como paciente quedo aislado del sistema y ya no soy una persona. ¿Por qué? Aquí empieza a desbarrar el iconoclasta. Porque sólo se es persona cuando te inscribes en un contexto social, es la sociedad la que te hace *persona*. Puede servir esta lógica para los locos o los *no locos*, me da igual, convencionales, pero no para los estranguladores que entramos en y salimos de ese contexto social sin perder nunca nuestra mismidad, es decir, nuestra condición de persona. Yo no delego mi yo a nadie, porque se lo quedan y cuando te lo devuelven resulta irreconocible y no te sirve para nada. Los no locos de los que habla Laing, productos sociales, especialmente molestos para él cuando son yanquis y matan a inocentes vietnamitas con napalm, jamás se superarán a sí mismos y si no son carne de psiquiatra acabarán como residuos estadísticos avaladores de una concepción horrorosa de la frontera entre lo normal y lo anormal. Durante la reciente guerra del Golfo la humanidad se dividió otra vez en asesinos y asesinados, independientemente de que los asesinos fueran intervencionistas del Norte o el propio líder iraquí, Sadam Hussein, las víctimas iban a ser los iraquíes peatones de la Historia y los asesinos indirectos, políticos y líderes de opinión que avalaron la matanza con su intelectualización de las bombas inteligentes. Thomas de Quincey implica a los espectadores en el crimen que presencian:

... sólo por hallarse presente en un asesinato se adquiere la calidad de cómplice, si basta ser espectador para compartir la culpa de quien perpetra el crimen, resulta innegable que en los crímenes del anfiteatro, la mano que descarga el golpe mortal no está más empapada de sangre que la de quien contempla el espectáculo, ni tampoco está exento de sangre quien permite que se derrame, y quien aplaude al asesino y para él solicita premios, participa en el asesinato.

¿En qué cárceles están Bush y sus cómplices disfrazados de corresponsables aliados de un nuevo orden internacional? ¿En qué manicomios con o sin muros? Laing nos pide que desconfiemos de los líderes, pero también de nuestros peores enemigos y de nuestros mejores amigos, de acuerdo, pero finalmente nos pide que desconfiemos del *yo* y busquemos, a un nivel más profundo, el *nosotros*. Laing estaba descubriendo la sopa de ajo del personalismo cristiano, un invento francés *mélo* emparentado con un Art Déco eclesiástico para disimular la angustia ante la muerte o la huida de los dioses.

14

ME HALLABA yo grabando mi *graffiti* cuando se produjo la última visita, me lo recalcó, del editor, su última rogativa para que yo escribiera mis memorias, asumiendo el riesgo de mi veracidad, fuera verosímil o no mi veracidad. Al parecer la industria editorial de Boston está en crisis y hace meses que el mercado no ha sido sacudido por un auténtico *best seller*: «Necesito un *best seller* que no lo parezca y que resista la prueba pretextual de una primera edición de un millón de ejemplares en fascículos, para acabar en una edición limitadísima para bibliógrafos y lingüistas, con la promesa de variantes en los códigos a los que sólo llegarán los espíritus más selectos, la industria de electrodomésticos ha abierto camino. Los frigoríficos estándar Westinghouse aprovechan las devoluciones para introducir un compartimento para caviar de caracol sólo al alcance de los bolsillos y los paladares selectos. Vd. me debe algo. Yo le acogí en su primer empleo digno dejándole recortar todos los periódicos del mundo y luego le fui promocionando a medida que nos asombraba con su metodología para captar saber y exponerlo, a la manera de un puzzle del que sólo interesa la impresión global del resultado. Luego pasó lo que pasó y el diccionario ya no fue lo mismo sin Vd. Se vendieron mucho menos los volúmenes restantes. Me debe algo». ¿Qué pasó? No me permito el cansancio de echar a nadie *con cajas destempladas*, fórmula envejecida que ya no se utiliza ni en las novelas primerizas ni en los *best sellers*, pero al editor le eché con cajas destempladas por el procedimiento de dar primero paseos impacientes y luego, al no darse por enterado, le lancé por la cabeza cinco de los nueve tomos de la Enciclopedia de Boston que me permiten tener, porque cuando ya preparaba el sexto, huyó cobardemente. Mi mujer estaba cosiéndome un botón, se pinchó un dedo, se chupó la sangre, me miró sin un reproche y después me sonrió como diciéndome: No te preocupes, ya encontraremos otro editor.

Mi paciencia no tiene límites, pero mi cansancio sí y he prohibido que concedan comunicación conmigo a quienes la soliciten, con la excepción de la mujer que teje y desteje y del psiquiatra, visitas a las que no podría oponerme, no ya reglamentariamente, sino emocionalmente, porque han conseguido que las necesite. Como no puedo negarle la entrada al alcaide que me enseña como la máxima curiosidad de su cárcel a las visitas más ilustres. Por cierto, está anunciada Hillary Clinton y pienso pasarme toda la comunicación mirándole esas piernas elefantiásicas que tiene. A la mujer que teje y desteje le agradezco sus permanencias como agradezco la existencia de las paredes de esta jaula para el viejo cuervo que soy, incapaz de asumir nuevos ámbitos, nuevos rostros. Pero lo del psiquiatra puede terminar cualquier día, porque cada visita es una despedida depresiva, el reconocimiento de su impotencia para redactar el informe que le piden sobre la evolución de mi conducta. La depresión del psiquiatra me ha conmovido porque he hecho mis cálculos geométricos. Si lo cesan, nombrarán a otro, posiblemente a un psiquiatra postmoderno y ecléctico que tratará de reciclarme como cobaya. El veterano psiquiatra argentino ya me conoce y me deja por posible y por lo tanto por imposible. Sólo me exige que le apunte mis recaídas que ya no constata, que le escuche y ni siquiera que le compadezca, porque me sabe incapaz de compasión y mucho más apto para la geometría. Hay que escoger siempre entre la geometría y la compasión, así en el arte como en la vida. Los cálculos interesados me han llevado a redactar un informe sobre mi propia evolución psicopatológica, sin más ayuda que el mucho observarme a lo largo de los años que he convivido con ese estrangulador que ha terminado por ser mi preferida mismidad y los nueve tomos del Diccionario Ilustrado de Boston, y prevengo que si algún error se encuentra en mi informe, habrá que atribuirlo a la imposibilidad de consultar el volumen diez y el suplemento. Una vez redactado el informe, he esperado la visita rutinaria del psiquiatra y cuando ha empezado a despedirse, una vez más, desde el presentimiento de que no le será renovado el contrato, puesto que es incapaz de descodificarme, le he tendido su informe, es decir mi informe, y se ha quedado mudo, con la conducta rota, porque todo lo que le descendía de la cabeza a los labios le sonaba a *happy end* de película de Frank Capra y a lo sumo sólo está autorizado para aceptar, en mi presencia, que nos movemos dentro de la artesanal película del hijo de Popeye. Antes de agradecerme el gesto, ha rebajado la espontánea afectividad que sentía hacia mí, no fuera a irritarme, y ha hecho bien, porque yo empezaba a impacientarme al verle a punto de lloriquear y con la boca llena de agradecimientos ensalivados y masticados, ensalivadas y masticadas las carnes materiales y espirituales de todos los que para sobrevivir dependen de que él conserve el cargo, por ejemplo, esas tres divorciadas que no pudieron soportar el merodeante hablar y razonar de un argentino. «Este... viejo, no puedo decirle hoy por ti, mañana por mí, pero arrieros somos y cuando la suerte que es grela, fayando y fayando te largue parao... cuando estés bien en la vía, sin rumbo, desesperao... cuando no tengas ni fe, ni yerba de ayer secándose al sol... cuando rajés los tamangos buscando ese mango que te haga morfar... la indiferencia del mundo —que es sordo y es mudo— recién sentirás... Verás que todo es mentira, verás que nada es amor, que al mundo nada le importa... ¡Yira! ¡Yira!... aunque te quiebre la vida, aunque te muerda un dolor, no esperes nunca una ayuda, ni una mano, ni un favor. Cuando estén secas las pilas de todos los timbres que vos apretás, buscando un pecho fraterno para morir abrazao... Cuando te dejen tirao después de cinchar lo mismo que a mí. Cuando manyés que a tu lado se prueban la ropa que vas a dejar... Te acordarás de este otario que un día cansado se puso a ladrar...»

Informe sobre la evolución de la conducta en cautiverio de Albert Cerrato, alias «El estrangulador de Boston», emitido por el Dr. en Psiquiatría Dante Contursi Maroni, asistente psiquiátrico de la Penitenciaría de Boston (Massachusetts).

A la atención del Doctor William Dieterle, Presidente del Alto Comité de Conducta Penitenciaria de Boston

El que suscribe declara que el 14 de abril de 1975 recibió el encargo de observar la evolución de la conducta de Albert Cerrato, el autollamado «Estrangulador de Boston», que cumple sentencia de cadena perpetua en el hospital penitenciario de Boston por el asesinato de sus padres, Albert y Noelia, y de una vecina, Dulce Gatti, el 27 de mayo de 1968. El equipo médico al que me sumé ha ido descomponiéndose, bien por jubilaciones, bien por traslados a otros destinos, circunstancias ya comunicadas en su día al Alto Comité. Finalmente se me hizo único responsable de la observación del condenado, con el respaldo de todo el trabajo de examen y diagnóstico que ha motivado desde el momento de su enjuiciamiento, en el que cabe destacar la contribución del grupo Black Box, *del taller conductista de East Coker, dirigido por el eminente maestro William Dieterle y los colectivos psicoanalíticos* Rochester & Piazzola, *amén de profesionales individuales que a distintos niveles han afrontado la experiencia del examen, diagnóstico y asistencia de Albert Cerrato. De esa observación han derivado multitud de estudios y ponencias, a los que remito a los miembros del Alto Comité que quieran documentar mi análisis, recomendándoles muy vivamente* Delirio y Delito, *del profesor Dieterle;* El estrangulador estrangulado: más allá del espejo del complejo de culpa, *de Edmundo Barnes;* El seno de la Danae de Klimt y el caso Cerrato, *de Ana W. Segura;* El falso estrangulador de Boston o el psicópata enciclopédico, *de Dante Concursi Maroni;* La evidente y lamentable no influencia de Rayuela en los poemas del falso estrangulador de Boston, *de Norma Cateli, así como las ponencias al respecto publicadas en mayo de 1969, abril de 1972, julio de 1983, setiembre de 1987 en la* Revue des recherches presque inutiles. Ediciones Gazier-Pardiñas. París, *y la separata monográfica de diciembre de 1991 de* Dynamic Psychology. *Aportaciones todas que destacan sobre trescientos trabajos hasta ahora merecidos por el penado que nos ocupa.*

Las sucesivas actitudes de Cerrato tras su detención, encausamiento, juicio y condena pueden simplificarse en tres: una primera etapa de mantenimiento de una explicación eutanásica del asesinato de sus padres, contrarrestada eficazmente por la demostración de que, aunque de avanzada edad, los dos ancianos no tenían enfermedades importantes, ni siquiera malestares dolorosos, y además el asesinato de la vecina reunía todos los carácteres de crimen añadido para tapar los crímenes anteriores. La vecina acudió ante el fuerte olor de gas que invadía la escalera y fue aturdida por un golpe, introducida en la cocina donde se asfixiaban los ancianos hasta que compartió su misma suerte. En la etapa de simulación de inocencia, el inculpado insistió en que, semidesmayado, no pudo impedir que la señora Gatti se introdujera en la cocina con el loable empeño de salvar a los ancianos y que pereció en el intento, sin que él pudiera disuadirla ni salvarla. El médico forense demostró que la vecina había sido golpeada en la cabeza, aunque posteriormente moriría intoxicada por el gas. Desmontada la línea defensiva del inculpado, si bien valió que se hiciera justicia, significó una mutación psicológica en el condenado cuyas consecuencias fueron: una segunda etapa de delirio logómaco en la que se autoatribuyó hasta treinta y cuatro crímenes gratuitos, valiéndose de un despliegue de erudición y de apropiación de jergas, no siempre correctamente, fruto de su aprendizaje como seminarista católico hasta los dieciséis años de edad, los estudios como maestro de escuela y posteriormente licenciado en Pedagogía y Lenguas clásicas en una universidad menor, conocimientos menos determinantes para su soberbia intelectual que el saber enciclopédico conseguido durante los años, primero de colaborador y luego de director ejecutivo de La Gran Enciclopedia Ilustrada de Boston en sus nueve primeros tomos. Encarcelado a comienzos de la elaboración del décimo tomo, los conocimientos de Cerrato se detenían en la letra ese y nada demostró saber sobre vocablos comenzados por te, u, uve, doble uve, equis, i griega y zeta, aunque disimulara su ignorancia desde una actitud desdeñosa. Sometido a la presión de privarle de la consulta del décimo volumen para estudiar sus reacciones, más de una vez me he dirigido al Alto Comité solicitando que se prescindiera de esta coacción, para estudiar los efectos de la incorporación del décimo volumen y el suplemento, pero no se me ha dado respuesta satisfactoria, pretextando problemas presupuestarios cuando no científicos. Quise pagar de mi bolsillo, en cómodos plazos, los volúmenes que faltaban pero el señor Cerrato estalló en una crisis agresiva por lo que abdiqué de mi pretensión y nos dedicamos a propagar la posibilidad de una intervención quirúrgica, una lobotomía, especialmente después del intento de asesinato de la que le propusimos como su legítima esposa, concepto imaginario al que él solía referirse con frecuencia. La tercera fase la inaugura hace unos diez años, después de la amenaza de lobotomía, a medida que se habitúa al ámbito de su celda en la enfermería penitenciaria y se convierte en lector de manuales sobre conducta ani-

mal, desde la sospecha de que la conducta humana es un enmascaramiento racionalizado de la conducta instintiva, sospecha ratificada por el hundimiento de la racionalidad convencional tan esforzadamente construida desde el Renacimiento hasta la derrota histórica del comunismo soviético, que el señor Cerrato asumió como si hubiera sido alguna vez comunista, lo que no consta en archivo alguno, ni siquiera en la memoria de los militantes que por sus circunstancias pudieran coincidir con Cerrato, militancia mínimamente avalada por su pretensión de haber asesinado al secretario general del Partido Comunista de Boston, hoy ex secretario, que goza de una envidiable salud y se ha reinsertado socialmente hasta parecer un ex comunista diseñado por Walt Disney. Es posible que el condenado asistiera a alguna reunión comunista en los tiempos de legalización del partido, pero del todo punto inexplicable que viviera como una crisis profunda el hundimiento universal del comunismo, aunque él manifestara que ese hundimiento lo sentía no por el fracaso de esa doctrina, sino por la desidentificación consecuente de todas las demás.

Al contrario de sus supuestas afinidades comunistas, consta que el señor Cerrato nunca manifestó simpatías por tendencia política alguna y en más de una ocasión, en sus tiempos de ascensión en Gran Enciclopedia Ilustrada de Boston, más bien emitió juicios contrarios a cualquier tipo de afiliación política y se aprovechó del compromiso político de compañeros, mal considerado por la empresa, para escalar como un advenedizo y ocupar sus puestos. Siempre presumió de debérselo todo a sí mismo, de ser él mismo su propia revolución y no necesitar los tacones postizos revolucionarios de los jóvenes hijos de buena familia. Su afición a la escritura de graffitis fue reveladora a este respecto, en la época en que mantuvo en una pared de su celda un fragmento de A la mitad del camino del

*escritor ex marxista Lionel Trilling: «Estáis completamente equivocados. Yo no os atraje. La dialéctica de la situación, fijaos, la dialéctica de la situación desvinculó de sus intereses y conexiones naturales de clase a determinados elementos descontentos de la clase media y los llevó a compartir los intereses de las clases oprimidas. Dio la casualidad de que vosotros figurabais entre aquellos elementos descontentos de clase media. No porque reaccionarais conscientemente a necesidades externas, sino más bien porque expresabais ciertos conflictos internos que reflejaban contradicciones del mundo exterior».
Como redactor de base del Diccionario había demostrado una amenazadora versatilidad al ser capaz de connotar voces tan diversas y opuestas como tercio de quites, jácena, Grundrisse, Popper, Círculo de Viena, Catulo, Pelé, empacador de forrajes, esparto, Carrillo (Santiago), Klimt, fajadura, pelo, hortera, Gil Calvo (Enrique), reificación, Emerson, Eliot, efecto, modificación, Betty Grable, olla a presión, vacaciones pagadas, week end, etc., etc. Tras la fase de delirio logómaco, característica en este tipo de paranoicos según ha demostrado Dieterle en su obra ya citada y no superada, Cerrato escogió el refugio en el autismo y la incomunicación, primero orgullosamente y últimamente más como síntoma de impotencia de todo lobotomizado metafórico para cambiar de máscara que como acto volitivo, hasta el punto de que a su manera establece lazos comunicacionales como escuchar con atención y regalar puñados de nueces a determinadas personas: el barbero de la cárcel y otros reclusos que le hacen algún servicio asistencial. No estamos ante un caso de autismo convencional, en ninguna de las tipificaciones hasta ahora establecidas, sino de un autismo voluntario, teorizado, intelectualizado, connotado, asumido, interiorizado, es decir, el señor Cerrato se ha convertido en la encarnación de*

una posible voz autismo *que él mismo hubiera redactado para el Diccionario Enciclopédico ya referido, muy lejos de cualquier interpretación compasiva del autista como producto del destierro lactante del niño con respecto a la madre placentaria. En este caso, el estrangulador autista sería prueba de la cantidad de verdad que hay en la fórmula de Schacht sobre la pulsión de autonomía que tiene todo sujeto:* «*El sujeto necesita del sujeto*». *Si bien durante la etapa logómaca y delirante creo haber reflejado exactamente la situación del condenado en mi tesis sobre el comportamiento enciclopedista, pretendo que el presente trabajo refleje la última etapa, para mí realmente terminal, de la evolución psicológica de Albert Cerrato.*

Carecemos de un conocimiento directo de las pautas de su conducta en la etapa que conduce a los asesinatos referidos, pero a juzgar por las revelaciones del propio Cerrato mediante sus dietarios, que le animamos a escribir desde el primer momento de su detención y tratamiento y así lo hizo de muy buen grado, y de quienes convivieron con él, pasó por una etapa depresiva que le condujo al convencimiento de que sus padres no deberían sobrevivirle, ante todo para no afrontar el dolor de quedarse sin hijo y desde la sensación irrefrenable de que él era el único que podía atenderles y la única razón de su existencia. En la psicopatología de hijos únicos, muy preferentemente el caso Sturgeon, ya estudiado por William Castle y Rosalind Capland, talentosos sobrinos del profesor Dieterle («*Adam Sturgeon: Dream and Reality*», Review, *marzo-abril 1974), se describe cómo un sujeto familiar triangular —padre, madre y un hijo o hija—, crea un ámbito autista muy superficialmente comunicado con la otredad a poco que influyan circunstancias culturales de aislamiento familiar voluntario o de rechazo social. La pauta cultural creada por el padre del señor Cerrato fue la desconfianza hacia todo lo que podía venir de fuera, conclusión a la que había llegado como vencido económico, social y político en la medida en que no se sentía implicado en el* american way of life. *A medida que Albert Cerrato fue adquiriendo razones para autocompadecerse, las hizo extensivas al sujeto triangular que formaba con sus padres, y los factores de acumulación de la depresión le llevaron a urdir un suicidio triangular como único final posible y en cierto sentido legitimador de su más secreta identidad. ¿Por qué Albert Cerrato salió autoindultándose de la cocina del hogar de sus padres dejando que los dos ancianos murieran asfixiados? Cabe una reacción instintiva de autodefensa o bien, al contrario, que subconscientemente todo hubiera sido urdido como un crimen moralmente perfecto, aunque imperfecto de cara al esquema racionalista judicial. A partir de las largas conversaciones sostenidas con el señor Cerrato, me inclino por un traspaso de intencionalidad (véase Dieterle y Watson: «Intencionalidad criminal y justificación»,* Revue des recherches presque inutiles) *según el cual, conscientemente Cerrato urdiese un auténtico suicidio triangular y que en plena realización —en toda realización hay una verificación— se desvelara la segunda intencionalidad subyacente, extremo al que jamás hemos podido referirnos en las sesiones de terapia con el condenado porque en cuanto se menciona a sus padres enmudece, cierra los ojos y se convierte en una piedra incomunicada. En cambio el homicio circunstancial de la vecina lo introduce dentro del planteamiento general delirante de sus «mujeres soñadas», en las que se mezclan personajes reales de su infancia, adolescencia o vida profesional, con ensoñaciones que en el caso de la supuesta vecina Alma, la del seno derecho perfecto, no es otra que un referente idealizado que a veces ha utilizado para idealizar mujeres reales, su falsa esposa —Cerrato nunca contrajo matrimonio ni se le conoce pareja estable— durante algún tiempo, o para colocar ese referente a salvo de la obscenidad de la concreción de las mujeres reales, imperfectas, traidoras o presuntamente traidoras desde la misoginia latente en Albert Cerrato, desde niño propenso a la misofobia que puede estar en el origen de su terror específico a todo contacto con la otredad femenina como amenaza. De ahí las frecuentes referencias asociativas al sexo femenino como una araña, referente simbólico del tejer y destejer inseguro y autofágico del destino. El delirio autoinculpador, si bien está basado en una superchería, traiciona un subconsciente agresivo reprimido, de improbable exteriorización, aunque el hecho del crimen real cometido contra sus padres y contra la vecina del piso de arriba haya inducido a los sucesivos comités a pronunciarse en contra de la aplicación de amnistías parciales que le hubieran permitido la recuperación de la libertad, en régimen de libertad condicional.*

La invención de su mujer y de sus hijos la mantuvo como una reivindicación retórica: ¿por qué no me dejan ver a mi mujer y a mis hijos? Urdimos la asistencia de una falsa mujer de Cerrato y de unos falsos hijos, a la par que le presentábamos a sus supuestas víctimas, algunas ya de avanzada edad, como su profesor Dotras, que sólo pudo prestarse a una visita de terapia. La contribución de la falsa familia hoy puede considerarse como negativa, a la vista de cómo la fue rechazando hasta que prescindimos de ella, y entonces la fabula para poder sentirse a disgusto con sus visitas, inexistentes desde hace cuatro años. La soledad total del personaje apenas si la paliamos el barbero Seisdedos, a quien identifica con un compañero de infancia de su barrio, un quiste de mala conciencia, y yo, que aparezco y desaparezco en la personalidad de los distintos psicólogos y psiquiatras que le han atendido, imaginativamente asesinados por Cerrato. El supuesto estrangulador nunca salió de su casa del Sur de Boston, aunque algún día dejó de volver a aquella casa, por mucho que la habitara. En cuanto a mí, se esfuerza en suponerme argentino y lacaniano, en una doble asociación de ideas tópicas: psicoanalista = argentino, y psicoanalista argentino = lacaniano, fijación asociativa lógica en el saber enciclopédico y divulgativo de Cerrato. Para no darle motivos de enojo y retraimiento fingí ser argentino y conseguí documentarme sobre argentinidad hasta el punto de que mis imitaciones de psicoanalistas argentinos lacanianos son muy celebradas en las reuniones y congresos, incluso entre los psicoanalistas argentinos lacanianos, y me he acostumbrado a pasar de hablar en prosa a hablar en tango.

Desde un punto de vista analítico, tan interesante como desvelar las razones de Cerrato para ser un homicida es comprender por qué adopta la personalidad del malvado o del desalmado, tal como las estudiaron Kingsley y Donaldson en El desalmado: cromosomas o sociedad. La teoría de Kingsley y Donaldson en la línea de que el desalmado es un tipo de autista fraguado socialmente y no producto de un estigma cromosomático —Kingsley y Donaldson rechazan el Análisis de Kent para establecer el cromosoma de la conducta criminal— tampoco puede aplicarse al caso Cerrato por cuanto su falta de alma, su crueldad malvada sería una simple fabulación. Todos somos potencialmente estranguladores, incluso el Estrangulador de Boston, pero la cultura nos salva de ese abismo, no así a Cerrato: la cultura le fuerza a saltar al abismo por el procedimiento de adquirirla a la medida de lo que él entiende por la racionalidad geométrica frente a la viscosidad de la razón compasiva. Desde esa fabulación, en su etapa logómaca, cada vez que le planteábamos la razón de la conducta desalmada y le ofrecíamos algún ejemplo fácilmente asociable desde la realidad, como el caso de Manson, el asesino múltiple de Beverly Hills, rechazaba la comparación y daba una clave suficiente: Manson es un resentido social drogadicto y descontrolado, en cambio el malvado o desalmado auténtico, como Jack el Destripador o el Estrangulador de Boston, en versión Cerrato, serían artistas del crimen —instaladores los llama, puesto que su esponja significante se ha apropiado del término instalación ligada a las manifestaciones artísticas posconceptuales— como acto de desprecio al tabú del no matarás, sólo que Jack el Destripador no se merecía un lugar de honor junto al estrangulador porque sólo asesinó prostitutas, sin duda como reflejo de una moral victoriana. Hay que matar lo que se ama y lo que no se ama, sin favorecer las diferencias que pueda establecer la compasión. Hay que matar desde la geometría establecida por la razón y los ademanes más afortunados para destruir a los otros que más nos identifican, tanto desde el amor como desde el desamor. Cerrato ha traspasado el espejo del pesimismo ético individual y no vive en un mundo que le propicie ninguna clase de optimismo ético colectivo; al contrario, el canibalismo no sólo es un referente ético metafórico, sino una posibilidad fundamental de supervivencia no corregida por ninguna esperanza, o al menos por la parusía de la idea de la esperanza en manifestaciones concretas, tal como asumen la esperanza Bloch, Jaspers, Mann o Tillich, más acá de la concepción virtuosa teologal. El fracaso del recurso de Bloch de concebir la esperanza como una utopía concreta en devenir o estado de agregación de lo ascendente se refleja en una expectativa humana de electroencefalograma plano que sugiere salvaciones individuales traumáticas tipo Cerrato, como modelo de conducta tipificable: el estrangulador individual o estamental. En cierto sentido la construcción de la modernidad social en función con el segmento de estranguladores emergentes que *respiran a costa de la asfixia de los segmentos de estrangulados sumergidos, refleja esa imposibilidad de parusía de la esperanza que puede generar extraños a la manera de Cerrato, en nada homologables a los extraños o extranjeros tratados hasta ahora por la psicología o la literatura. Considérese por ejemplo la propuesta de conducta de Cerrato en relación con la de Ripley, el personaje de Patricia Highsmith o Meursault, el de* El extranjero *de Camus, entre el superviviente sin escrúpulos morales y el extraño psicológico carne de* roman philosophique. *Con razón Cerrato se burlaba descaradamente de estas referencias cuando las establecíamos en su presencia, bien fuera descuidadamente, bien fuera para estudiar sus reacciones de receptor.*

Especial dedicación concedimos al análisis de su poema Ciudad, *ante la evidente polisemia del propio título: ¿Boston? ¿La ciudad interior del autista? ¿La ciudad de su memoria? ¿La ciudad de la memoria? ¿El país y paisaje urbano de su infancia? A la luz de una interpretación estrictamente psicologista, sin duda el poema refuerza la existencia de una ciudad imaginada, de un imaginario de ámbito en el que se mueven distintas imágenes rotas, reales y falsas, merodeantes en torno a una imposible delimitación posesiva de Alma. Esa ciudad sería como una alcoba en la que nunca se encontraron Cerrato y Alma, aunque se sienten responsables y cómplices con respecto a ella. Por mi cuenta y riesgo, me metí en una interpretación simbolista y la ciudad de Cerrato no encajaba con la asociación de mundo geométricamente organizado, ordenado, con la que los antiguos mitificaron la ciudad refugio frente a la angustia nómada. Las ciudades suelen ser geométricas y responden a una localización originalmente dictada por las leyes de la razón (sobre montículos de defensa, cerca del agua, en un cruce de caminos...), pero la ciudad de Cerrato, contra lo que él sostenía, no era producto de la Geometría, sino de la compasión por una mismidad perdida y compartida con Alma, anegada en el agua, ciudad sumergida, muerta en el agua, el agua, la muerte. No es la ciudad mandala, sino un rincón urbano para la ocultación de lo intransferible, ciudad placenta, ciudad madre, más allá de la oposición apocalíptica entre Jerusalén, la ciudad de los ascesis y Babilonia, la de la condenación, a lo sumo próxima de la Roma vista por San Juan como una Bestia con siete cabezas, siete colinas, sobre las cuales está sentada Roma, la anticiudad, la madre corrupta y corruptora que trae la maldición y la muerte, frente a la que se requiere la presencia purificadora y guía de la muchacha dorada, de Alma. Menos sintomático me pareció el poema sobre un extraño hipocarpo que le decía cosas y que me temí fuera un pastiche urdido para desorientarnos. El poema Ciudad describe la entrada en el autismo, la ciudad cerrada o doliente: «...por mí se va a la ciudad doliente...» Boston, no. Boston es lo de menos, pero algo tiene que ver en la evolución psicótica del condenado.*

De no ser Boston como es, Cerrato hubiera sido un vienés de la etapa terminal del Imperio Austrohúngaro, gozador irónico de la carencia de parusía de esperanza, desconfiado de todo forcejeo con la Historia y reductor de todo conocimiento a su lenguaje desde la pereza intelectual de los pijos del Imperio que hicieron posible por una parte el logómaco Círculo de Viena y sus prolongaciones inglesas. Pero Boston suscita ira, es una airada cosmogonía que reprime airadamente su ira y Boston es el mundo, este mundo actual que es un mundo austrohúngaro, un imperio caído y sin aparente finalidad, percibido por Cerrato desde la descomposición del yo burgués, la misma descomposición que en Klimt fecundó creatividad y en Cerrato locura y maldad imaginaria. De no proceder

Cerrato de las llamadas capas populares, hubiera podido sentirse copartícipe del dilettantismo logómaco o ensimismado, pero difícilmente los miembros de las capas populares se sienten propietarios de la filosofía de la vida de las capas dominantes, aunque puedan acercarse a ellas por un golpe de fortuna cultural o económico. De haber tenido un talento creador y no meramente divulgador enciclopedista —de ahí esa pulsión farragosa a demostrar erudición, se trate de lo que se trate—, Cerrato habría accedido a la rebelión del conocimiento dentro de la angustia del conocimiento, como accedieron en Viena, cada cual según sus pulsiones, Freud o Klimt. El hecho, irrebatible, de que Cerrato escogiera la creatividad destructiva fundamental del estrangulador es a la vez fruto de un clima de desesperanza individual y colectiva y de la impotencia para la utopía falsificadora o la ironía relativizadora, y me temo que puede ser un modelo de conducta en expansión que llegará un momento no estaremos en condiciones de canalizar o reprimir. El hombre es un loco para el otro hombre, recalcaba frecuentemente en las sesiones de terapia anteriores a la disuasión de la lobotomía, desde la convicción de que las normas de conducta fijadas por la moral o por el realismo jurídico al reprimir la tendencia natural a ser un lobo para el otro, no te dejan otra salida que ser un loco para el otro, con o sin capacidad o voluntad de disimulo, de máscara, siendo la del arte y la de la cultura a la vez las máscaras más compensadoras pero también las más hipócritas.

En su etapa actual de autismo pesimista y por ello colaboracionista, tan pesimista que ni siquiera es agresivo, me retracto de mis diagnósticos anteriores en pos del excarcelamiento de Albert Cerrato. En el silencio no operativo, el condenado ha encontrado una patria moral inocente, sólo posible dentro de una celda, sea de cárcel, sea de un convento de clausura, segunda posibilidad impresentable porque la capacidad de indignación activa que conserva Cerrato la dirige contra el actual Papa polaco de Roma, cuya vida guarde Dios muchos años. Por lo tanto expongo y suplico al Alto Comité que archive clínicamente el caso Cerrato y permita que el condenado permanezca en este hospital penitenciario modelo hasta el fin de sus días, sin agredirle con nuevas indagaciones que ya sólo conducen a la tela en blanco del silencio contra la que se estrellan nuestros ruidos. Conocedor más apto que yo de los elementos para decidir este diagnóstico es mi admirado maestro el profesor Dieterle, por lo que aprovecho la ocasión para felicitarle las Navidades y desearle un próspero Año Nuevo, al tiempo que le envío una cesta de Navidad llena de esos ricos barquillos que tanto le gustan y le recuerdo su generosa promesa de allanar los obstáculos que se oponen a la renovación de mi contrato. Con la pavorosa cultura del paro que nos envuelve sería un desastre para mí perder mi empleo, habida cuenta que aún estoy pagando los plazos de mi casa de verano en Newport y que con muchos sacrificios consigo pasar puntualmente las pensiones de mis tres ex esposas, al tiempo que trato de rehacer mi vida sentimental con una preciosa enfermerita, también tres veces divorciada. Puedo volver a ser feliz. Por el jardín encantador de la ilusión va cantando el amor. Y en el vergel primaveral mi corazón ha encontrado un rosal. Y en el rosal escondido y en flor ebrio de luz, un pimpollo de amor, que se encendió y estremeció al acercarme yo. Del rosal del amor una flor arranqué y a la flor, con temor por mi amor pregunté... Y el rosal del querer comenzó a florecer. Y la rosa encantada respondió que mi amada iba allí a aparecer. Y el rosal trasformose en mujer. Tiempo después viejo y sin fe quise volver al jardín y encontré que era el vergel sólo un zarzal y que espinoso brotaba un rosal.

Y al acercarme a cortar una flor de aquel rosal del jardín del amor, me estremecí viendo que allí otro cantaba así... (al estribillo).

Cuando le entregué «su» informe al psiquiatra, toleré la autocomplacencia que escondía su agradecimiento, aunque pensé que muy otra sería su reacción una vez lo hubiera leído, ante la evidente apuesta por la negación de todo tipo de certeza, para empezar, maquiavélicamente, la mía propia. Presentía que si reaccionaba a la defensiva y no aceptaba mi informe como suyo, quedaba destruido como analista y perdería su empleo, y si lo aceptaba ¿qué autoridad científica y terapéutica podría conservar ante mí, dispuesto como yo estaba a adoptar su punto de vista y todas las figuraciones que él y sus compinches han construido? Era psiquiatra, pero también lo suficientemente inteligente como para comprender que yo no le regalo el final feliz de aceptar su versión, sino que la denuncio por el simple hecho de objetivarla hasta sus totales fronteras cognoscitivas. A estos brujos, a todo tipo de brujos, los poseo desde el momento en que sé cómo codifican y descodifican, como *me* codifican y *me* descodifican y soy capaz de razonar desde esa descodificación y además, que no se llamen a engaño, gracias a mi lobotomía metafórica y a la autolobotomía que se han aplicado toda la vida seleccionando conocimientos mutiladores, siguen vivos y soportándose a sí mismos hasta el punto de desear vivir muchos años, y por eso se financian sustanciosos fondos de pensiones. Pero mi final feliz es el principio del reconocimiento de su demente inutilidad e hipocresía.

Cuál no sería mi sorpresa cuando un carcelero cualificado me dijo que el psiquiatra había sido destituido, porque en un último acto de irresponsabilidad, había dado por bueno mi informe sólo con leer las primeras páginas y sin advertir que algunas partes de su contenido no estaban excesivamente razonadas «... al menos dentro de las pautas de racionalidad que un Alto Comité Psiquiátrico puede esperar de un colega», según sentenciaba la resolución de despido. Miserables. A pesar de su instalación en la cúpula del sistema, necesitaban alimentarse con el sacrificio de colegas menores.

Días después, el psiquiatra se presentó a las puertas de mi celda, pero en la sospecha de que pudiera albergar malos propósitos, grité todo lo que pude, le cachearon y le decomisaron un cuchillo japonés de cocina de grandes proporciones. Al ser descubierto dejó el cansancio y la resignación para convertirse en un insuficiente loco delirante y vociferante que aseguraba iba a matarme porque había arruinado los mejores años de su vida y aceleraba los peores. Blandía mi informe, es decir, su informe y me acusaba de traición, ¿a quién?, ¿a qué? ¿Por qué no se había tomado la molestia de leerlo antes de entregarlo al Alto Comité? Está recluido en una celda-enfermería de la planta de arriba, en un extremo desde el cual ni siquiera puede hostigarme verbalmente, cual sería su deseo. Someto al juicio de las personas sensatas si hay razón para tanto desvarío, avalado por la opinión de mi mujer, que leyó el informe y me dijo: «Albert, deberías dedicarte o a la Literatura o a la Psiquiatría.

Yo te buscaría un editor o unos locos que te comprendieran».

Por cierto, casi en coincidencia con la caída en desgracia y la práctica desaparición física del posible argentino lacaniano, también han dejado de venir todas las visitas, mi mujer incluida, y algo de cierto debe de haber en la teoría de los reflejos condicionados porque cada tarde salivo a la hora justa en que la veía descender del autobús, con su cesta llena de golosinas y su cabeza de inútiles memorias. Es posible que el hombre sea el animal al que más le cueste superar una rotura de los reflejos condicionados porque en el desván de su memoria tiene recursos que prolongan la expectativa cuando se termina la acción del estímulo. La memoria, esa novela, esa cultura interior, nos impide ser espontáneamente animales, y construirla no creo que nos haya sido beneficioso. A veces la memoria es tan rica que tiene una referencia perdida para cada dato de la realidad y finalmente enmascara toda posibilidad de realidad. Pero una vez superada la conspiración de mi memoria para recordarme los datos emocionales de mi pasado, he dejado de salivar por las tardes y he conseguido que mi mujer y mis hijos sean sustituidos por una merienda especial que me envía el nuevo psiquiatra, y al comérmela devoro las imágenes rotas y ya muy desvaídas de su posible existencia.

Pero no tu imagen, Alma. Al fin solos. El psiquiatra caído, en su delirante excitación amenaza con asesinarme por haber abusado de su confianza y sé que ha tratado de matar a algunos funcionarios, por lo que le han puesto la camisa de fuerza y me lo tienen en continuo remojo a base de duchas escocesas. Esto ha propiciado el nombramiento de un nuevo psiquiatra a mi cuidado, porque ya formo parte del presupuesto general del estado como curiosidad psiquiátrica sin precedentes, y el nuevo brujo, que ya desesperaba de tener un empleo seguro antes de llegar a los cincuenta años, lo que motivaba frecuentes reproches de sus bostonianos padres y de su bostoniana mujer, agradecido, me ha eximido de poner por escrito mis impresiones, incluso las más abiertamente negativas, desde la evidencia de que no tengo arreglo, probablemente porque no lo necesito, y la parte del presupuesto general del estado que me destinan no se aplica a reinsertarme socialmente, sino a dejarme tal como estoy.

—Vd. ya figura en las guías turísticas de Nueva Inglaterra y cada día docenas de autocares llegan hasta los muros de esta cárcel llenos de viajeros morbosos que quieren ver el lugar donde permanece encerrado uno de los estranguladores más importantes de la Historia. La Historia agradece los excesos e ignora lo anodino.

Me ha parecido un razonamiento tan altamente geométrico que he tratado de besarle, pero los psiquiatras jóvenes suelen ser poco efusivos y sexualmente bastante abstemios. Que me guarda agradecimiento lo ha demostrado permitiéndome meriendas suculentas sustitutivas de cualquier posible nostalgia de afecto familiar y subir a la azotea de la enfermería para contemplar el paisaje de East Coker y el vacío que ha dejado la desaparición del autobús que traía a aquella impostora todas las tardes, con sus piernas varicosas y el bolso lleno de tiempo gastado inútilmente. Desde aquí, Alma, sólo veo las ruinas de la ciudad de nuestra adolescencia que me olía a abril, el mes proclive a cualquier Semana Santa, a los aromas de las plantas agitadas ante la llegada de los Mesías. ¿Abril? Es cierto, abril es el mes más cruel, porque genera falsas esperanzas de eternidad, engendra lilas en la tierra muerta, mezcla memoria y deseo, nos quita el abrigo protector frente a la verdad del invierno, como los domingos nos ocultaban la verdad de los días laborables. Desorientado estoy fuera de mis límites, en esta perdida azotea entre el sur y el mar, entre el norte y la tierra, laberintos de hierro, lunes de guardar, cementerios de pan duro como el agua, más blanda la sal, si acaso remeros de piedra y afán me tienden estelas que no he de seguir. Yo quiero una muerte que deje vivir, perdida azotea, entre el sur y la mar, entre el norte y la tierra, laberintos de hierro, lunes de guardar. Destruidas incluso las ruinas, nuestras ruinas, Alma, pediremos que construyan ciudades falsificadas donde palpar atardeceres de senos que esperarán mis manos, donde las muchachas quieran jugar a perseguir crepúsculos en los techos atravesados por el coleccionista de muertas ciudades de la memoria o la piedra... la piedra fálica e implacable del hombre acostumbrado a no hablar, siquiera a decir buenos días en la puerta de los ascensores, que nunca conducen a pisos que no existen... A esa ciudad, Alma, yo volvería como un indiano próspero, casado contigo, la muchacha más dorada del *non plus ultra*, enriquecido náufrago en el Mar de la Tranquilidad, volvería como un pájaro furtivo a picotear en los escombros de nuestra ciudad imaginaria... era tan hermosa... era tan hermosa... era tan hermosa... relatan los cronistas, que fue destruida para no quedar piedra sobre piedra cuando los bárbaros decidieron construir paisajes artificiales. Para siempre a salvo de la acechanza de la SUBVERSIÓN.

Esta obra, publicada por
GRIJALBO MONDADORI,
se terminó de imprimir en los talleres
de Cayfosa, Industria Gráfica, de Barcelona,
el día 4 de junio
de 1998